T R A N Z L A T Y

Sprache ist für alle da

Limba este pentru toată lumea

Das Kommunistische Manifest

Manifestul Comunist

Karl Marx
&
Friedrich Engels

Deutsch / Română

Copyright © 2024 Tranzlaty
All rights reserved.
Published by Tranzlaty
ISBN: 978-1-80572-339-4
Original text by Karl Marx and Friedrich Engels
The Communist Manifesto
First published in 1848
www.tranzlaty.com

Einleitung
Introducere

Ein Gespenst geht um in Europa – das Gespenst des Kommunismus

Un spectru bântuie Europa – spectrul comunismului

Alle Mächte des alten Europa sind eine heilige Allianz eingegangen, um dieses Gespenst auszutreiben

Toate puterile vechii Europe au intrat într-o alianță sfântă pentru a exorciza acest spectru

Papst und Zaren, Metternich und Guizot, französische Radikale und deutsche Polizeispione

Papa și țarul, Metternich și Guizot, radicalii francezi și polițiștii-spioni germani

Wo ist die Oppositionspartei, die von ihren Gegnern an der Macht nicht als kommunistisch verschrien wurde?

Unde este partidul din opoziție care nu a fost denunțat ca fiind comunist de către oponenții săi de la putere?

Wo ist die Opposition, die nicht den Brandvorwurf des Kommunismus gegen die fortgeschritteneren Oppositionsparteien zurückgeschleudert hat?

Unde este opoziția care nu a aruncat înapoi reproșul comunismului împotriva partidelor de opoziție mai avansate?

Und wo ist die Partei, die den Vorwurf nicht gegen ihre reaktionären Gegner erhoben hat?

Și unde este partidul care nu a făcut acuzația împotriva adversarilor săi reacționari?

Aus dieser Tatsache ergeben sich zweierlei

Două lucruri rezultă din acest fapt

I. Der Kommunismus wird bereits von allen europäischen Mächten als eine Macht anerkannt

I. Comunismul este deja recunoscut de toate puterile europene ca fiind el însuși o putere

II. Es ist höchste Zeit, dass die Kommunisten ihre Ansichten, Ziele und Tendenzen offen vor der ganzen Welt offenlegen

II. Este timpul ca comuniștii să-și publice în mod deschis, în fața întregii lumi, opiniile, scopurile și tendințele lor

sie müssen diesem Kindermärchen vom Gespenst des Kommunismus mit einem Manifest der Partei selbst begegnen

trebuie să întâmpine această poveste a spectrului comunismului cu un manifest al partidului însuşi

Zu diesem Zweck haben sich Kommunisten verschiedener Nationalitäten in London versammelt und folgendes Manifest entworfen

În acest scop, comunişti de diferite naţionalităţi s-au adunat la Londra şi au schiţat următorul Manifest

Dieses Manifest wird in deutscher, englischer, französischer, italienischer, flämischer und dänischer Sprache veröffentlicht

acest manifest urmează să fie publicat în limbile engleză, franceză, germană, italiană, flamandă şi daneză

Und jetzt soll es in allen Sprachen veröffentlicht werden, die Tranzlaty anbietet

Şi acum urmează să fie publicat în toate limbile pe care le oferă Tranzlaty

Bourgeois und Proletarier
Burghezii şi proletarii

Die Geschichte aller bisherigen Gesellschaften ist die Geschichte der Klassenkämpfe

Istoria tuturor societăţilor existente până acum este istoria luptelor de clasă

Freier und Sklave, Patrizier und Plebejer, Herr und Leibeigener, Zunftmeister und Geselle

Om liber şi sclav, patrician şi plebeu, stăpân şi iobag, stăpân de breaslă şi calfă

mit einem Wort, Unterdrücker und Unterdrückte

într-un cuvânt, asupritor şi asuprit

Diese sozialen Klassen standen in ständiger Opposition zueinander

Aceste clase sociale stăteau în opoziţie constantă una faţă de cealaltă

Sie führten einen ununterbrochenen Kampf. Jetzt versteckt, jetzt offen

au dus o luptă neîntreruptă. Acum ascuns, acum deschis

Ein Kampf, der entweder in einer revolutionären Rekonstitution der Gesellschaft als Ganzes endete

o luptă care s-a încheiat cu o reconstituire revoluţionară a societăţii în general

oder ein Kampf, der im gemeinsamen Ruin der streitenden Klassen endete

sau o luptă care s-a încheiat cu ruina comună a claselor concurente

Blicken wir zurück auf die früheren Epochen der Geschichte

Să ne uităm înapoi la epocile anterioare ale istoriei

Wir finden fast überall eine komplizierte Einteilung der Gesellschaft in verschiedene Ordnungen

Găsim aproape pretutindeni o aranjare complicată a societăţii în diferite ordine

Es gab schon immer eine mannigfaltige Abstufung des sozialen Ranges

A existat întotdeauna o gradaţie multiplă a rangului social

Im alten Rom gibt es Patrizier, Ritter, Plebejer, Sklaven
În Roma antică avem patricieni, cavaleri, plebei, sclavi
im Mittelalter: Feudalherren, Vasallen, Zunftmeister,
Gesellen, Lehrlinge, Leibeigene
în Evul Mediu: lorzi feudali, vasali, stăpâni de breaslă, calfe,
ucenici, iobagi
In fast allen diesen Klassen sind wiederum untergeordnete
Abstufungen
în aproape toate aceste clase, din nou, gradații subordonate
Die moderne Bourgeoisie Gesellschaft ist aus den
Trümmern der feudalen Gesellschaft hervorgegangen
Societatea burgheză modernă a răsărit din ruinele societății
feudale
Aber diese neue Gesellschaftsordnung hat die
Klassengegensätze nicht beseitigt
Dar această nouă ordine socială nu a eliminat antagonismele
de clasă
Sie hat nur neue Klassen und neue
Unterdrückungsbedingungen geschaffen
Ea nu a făcut decât să stabilească noi clase și noi condiții de
opresiune
Sie hat neue Formen des Kampfes an die Stelle der alten
gesetzt
a stabilit noi forme de luptă în locul celor vechi
Die Epoche, in der wir uns befinden, weist jedoch eine
Besonderheit auf
Cu toate acestea, epoca în care ne aflăm posedă o trăsătură
distinctivă
die Epoche der Bourgeoisie hat die Klassengegensätze
vereinfacht
epoca burgheziei a simplificat antagonismele de clasă
Die Gesellschaft als Ganzes spaltet sich mehr und mehr in
zwei große feindliche Lager
Societatea în ansamblu se împarte din ce în ce mai mult în
două mari tabere ostile

zwei große soziale Klassen, die sich direkt gegenüberstehen: Bourgeoisie und Proletariat

două mari clase sociale care se confruntă direct: burghezia şi proletariatul

Aus den Leibeigenen des Mittelalters gingen die Bürger der ersten Städte hervor

Din iobagii Evului Mediu au apărut burghezii din primele oraşe

Aus diesen Bürgern entwickelten sich die ersten Elemente der Bourgeoisie

Din aceşti burghezi s-au dezvoltat primele elemente ale burgheziei

Die Entdeckung Amerikas und die Umrundung des Kaps

Descoperirea Americii şi ocolirea Capului

diese Ereignisse eröffneten der aufstrebenden Bourgeoisie neues Terrain

aceste evenimente au deschis un teren nou pentru burghezia în ascensiune

Die ostindischen und chinesischen Märkte, die Kolonisierung Amerikas, der Handel mit den Kolonien

Pieţele din India de Est şi China, colonizarea Americii, comerţul cu coloniile

die Vermehrung der Tauschmittel und der Waren überhaupt

creşterea mijloacelor de schimb şi a mărfurilor în general

Diese Ereignisse gaben dem Handel, der Schiffahrt und der Industrie einen nie gekannten Impuls

Aceste evenimente au dat comerţului, navigaţiei şi industriei un impuls nemaicunoscut până acum

Sie gab dem revolutionären Element in der wankenden feudalen Gesellschaft eine rasche Entwicklung

a dat o dezvoltare rapidă elementului revoluţionar în societatea feudală clătinată

Geschlossene Zünfte hatten das feudale System der industriellen Produktion monopolisiert

breslele închise monopolizaseră sistemul feudal de producţie industrială

Doch das reichte den wachsenden Bedürfnissen der neuen Märkte nicht mehr aus

dar acest lucru nu mai era suficient pentru nevoile crescânde ale noilor piețe

Das Manufaktursystem trat an die Stelle des feudalen Systems der Industrie

Sistemul manufacturier a luat locul sistemului feudal al industriei

Die Zunftmeister wurden vom produzierenden Bürgertum auf die Seite gedrängt

Stăpânii breslelor au fost împinși pe o parte de clasa de mijloc manufacturieră

Die Arbeitsteilung zwischen den verschiedenen korporativen Innungen verschwand

Diviziunea muncii între diferitele bresle corporative a dispărut

Die Arbeitsteilung durchdrang jede einzelne Werkstatt

diviziunea muncii a pătruns în fiecare atelier

In der Zwischenzeit wuchsen die Märkte immer weiter und die Nachfrage stieg immer weiter

Între timp, piețele au continuat să crească, iar cererea a crescut tot mai mult

Selbst Fabriken reichten nicht mehr aus, um den Anforderungen gerecht zu werden

Nici măcar fabricile nu mai erau suficiente pentru a satisface cererile

Daraufhin revolutionierten Dampf und Maschinen die industrielle Produktion

Astfel, aburul și utilajele au revoluționat producția industrială

An die Stelle der Manufaktur trat der Riese, die moderne Industrie

Locul de fabricație a fost luat de gigantul Industriei Moderne

An die Stelle des industriellen Mittelstandes traten industrielle Millionäre

Locul clasei de mijloc industriale a fost luat de milionarii industriali

an die Stelle der Führer ganzer Industriearmeen trat die moderne Bourgeoisie

locul conducătorilor întregilor armate industriale a fost luat de burghezia modernă

die Entdeckung Amerikas ebnete der modernen Industrie den Weg zur Etablierung des Weltmarktes

descoperirea Americii a deschis calea pentru ca industria modernă să stabilească piața mondială

Dieser Markt gab dem Handel, der Schifffahrt und der Kommunikation auf dem Landweg eine ungeheure Entwicklung

Această piață a dat o dezvoltare imensă comerțului, navigației și comunicațiilor pe uscat

Diese Entwicklung hat seinerzeit auf die Ausdehnung der Industrie reagiert

Această evoluție a reacționat, la vremea sa, la extinderea industriei

Sie reagierte in dem Maße, wie sich die Industrie ausbreitete, und wie sich Handel, Schiffahrt und Eisenbahn ausdehnten

a reacționat proporțional cu modul în care industria s-a extins și cum s-au extins comerțul, navigația și căile ferate

in demselben Maße, in dem sich die Bourgeoisie entwickelte, vermehrte sie ihr Kapital

în aceeași proporție în care s-a dezvoltat burghezia, ei și-au mărit capitalul

und das Bourgeoisie drängte jede aus dem Mittelalter überlieferte Klasse in den Hintergrund

iar burghezia a împins în plan secund fiecare clasă moștenită din Evul Mediu

daher ist die moderne Bourgeoisie selbst das Produkt eines langen Entwicklungsganges

prin urmare, burghezia modernă este ea însăși produsul unui lung curs de dezvoltare

Wir sehen, dass es sich um eine Reihe von Revolutionen in der Produktions- und Tauschweise handelt

Vedem că este o serie de revoluții în modurile de producție și de schimb

Jeder Schritt der Bourgeoisie Entwicklung ging mit einem entsprechenden politischen Fortschritt einher

Fiecare pas de dezvoltare al burgheziei a fost însoțit de un avans politic corespunzător

Eine unterdrückte Klasse unter der Herrschaft des feudalen Adels

O clasă asuprită sub stăpânirea nobilimii feudale

ein bewaffneter und selbstverwalteter Verein in der mittelalterlichen Kommune

o asociație înarmată și autonomă în comuna medievală

hier eine unabhängige Stadtrepublik (wie in Italien und Deutschland)

aici, o republică urbană independentă (ca în Italia și Germania)

dort ein steuerpflichtiger "dritter Stand" der Monarchie (wie in Frankreich)

acolo, o "a treia stare" impozabilă a monarhiei (ca în Franța)

Danach, in der Zeit der eigentlichen Herstellung

ulterior, în perioada de fabricație propriu-zisă

die Bourgeoisie diente entweder der halbfeudalen oder der absoluten Monarchie

burghezia a servit fie monarhia semifeudală, fie monarhia absolută

oder die Bourgeoisie fungierte als Gegengewicht zum Adel

sau burghezia a acționat ca o contrapondere împotriva nobilimii

und in der Tat war die Bourgeoisie ein Eckpfeiler der großen Monarchien überhaupt

și, de fapt, burghezia a fost o piatră de temelie a marilor monarhii în general

aber die moderne Industrie und der Weltmarkt haben sich seitdem etabliert

dar industria modernă și piața mondială s-au impus de atunci

und die Bourgeoisie hat sich die ausschließliche politische Herrschaft erobert

iar burghezia a cucerit pentru ea stăpânire politică exclusivă

sie erreichte diese politische Herrschaft durch den modernen repräsentativen Staat

a obținut această influență politică prin statul reprezentativ modern

Die Exekutive des modernen Staates ist nichts anderes als ein Verwaltungskomitee

Executivii statului modern nu sunt decât un comitet de conducere

und sie leiten die gemeinsamen Angelegenheiten der gesamten Bourgeoisie

și ei conduc afacerile comune ale întregii burghezii

Die Bourgeoisie hat historisch gesehen eine höchst revolutionäre Rolle gespielt

Burghezia, din punct de vedere istoric, a jucat un rol revoluționar

Wo immer sie die Oberhand gewann, machte sie allen feudalen, patriarchalischen und idyllischen Verhältnissen ein Ende

Oriunde a avut avantajul, a pus capăt tuturor relațiilor feudale, patriarhale și idilice

Sie hat erbarmungslos die bunten feudalen Bande zerrissen, die den Menschen an seine "natürlichen Vorgesetzten" banden

Ea a sfâșiat fără milă legăturile feudale pestrițe care îl legau pe om de "superiorii săi naturali"

Und es ist kein Nexus zwischen Mensch und Mensch übrig geblieben, außer nacktem Eigeninteresse

și nu a lăsat nici o legătură între om și om, în afară de interesul propriu

Die Beziehungen der Menschen zueinander sind zu nichts anderem geworden als zu einer gefühllosen "Geldzahlung"

Relațiile omului între ei nu au devenit altceva decât o "plată în numerar" insensibilă

Sie hat die himmlischsten Ekstasen religiöser Inbrunst ertränkt
A înecat cele mai cerești extaze ale fervoarei religioase
sie hat ritterlichen Enthusiasmus und philiströsen Sentimentalismus übertönt
A înecat entuziasmul cavaleresc și sentimentalismul filistean
Sie hat diese Dinge im eisigen Wasser des egoistischen Kalküls ertränkt
a înecat aceste lucruri în apa înghețată a calculului egoist
Sie hat den persönlichen Wert in Tauschwert aufgelöst
A rezolvat valoarea personală în valoare de schimb
Sie hat die zahllosen und unveräußerlichen verbrieften Freiheiten ersetzt
a înlocuit nenumăratele și indelebile libertăți statutare
und sie hat eine einzige, skrupellose Freiheit geschaffen; Freihandel
și a stabilit o singură libertate de neconceput; Comerț liber
Mit einem Wort, sie hat dies für die Ausbeutung getan
Într-un cuvânt, a făcut acest lucru pentru exploatare
Ausbeutung, verschleiert durch religiöse und politische Illusionen
exploatare acoperită de iluzii religioase și politice
Ausbeutung verschleiert durch nackte, schamlose, direkte, brutale Ausbeutung
exploatare ascunsă de exploatare goală, nerușinată, directă, brutală
die Bourgeoisie hat den Heiligenschein von jedem zuvor geehrten und verehrten Beruf abgestreift
burghezia a dezbrăcat aureola de orice ocupație onorată și venerată anterior
der Arzt, der Advokat, der Priester, der Dichter und der Mann der Wissenschaft
medicul, avocatul, preotul, poetul și omul de știință
Sie hat diese ausgezeichneten Arbeiter in ihre bezahlten Lohnarbeiter verwandelt

i-a transformat pe acești muncitori distinși în muncitori salariați plătiți

Die Bourgeoisie hat der Familie den sentimentalen Schleier weggerissen

Burghezia a rupt vălul sentimental de pe familie

Und sie hat das Familienverhältnis auf ein bloßes Geldverhältnis reduziert

și a redus relația de familie la o simplă relație de bani

die brutale Zurschaustellung der Kraft im Mittelalter, die die Reaktionäre so sehr bewundern

manifestarea brutală de vigoare în Evul Mediu pe care reacționarii o admiră atât de mult

Auch diese fand ihre passende Ergänzung in der trägesten Trägheit

chiar și aceasta și-a găsit complementul potrivit în cea mai leneșă indolență

Die Bourgeoisie hat enthüllt, wie es dazu gekommen ist

Burghezia a dezvăluit cum s-au întâmplat toate acestea

Die Bourgeoisie war die erste, die gezeigt hat, was die Tätigkeit des Menschen bewirken kann

Burghezia a fost prima care a arătat ce poate aduce activitatea omului

Sie hat Wunder vollbracht, die ägyptische Pyramiden, römische Aquädukte und gotische Kathedralen bei weitem übertreffen

A realizat minuni depășind cu mult piramidele egiptene, apeductele romane și catedralele gotice

und sie hat Expeditionen durchgeführt, die alle früheren Auszüge von Nationen und Kreuzzügen in den Schatten stellten

și a condus expediții care au pus în umbră toate fostele exoduri ale națiunilor și cruciade

Die Bourgeoisie kann nicht existieren, ohne die Produktionsmittel ständig zu revolutionieren

Burghezia nu poate exista fără a revoluționa constant instrumentele de producție

**und damit kann sie nicht ohne ihre Beziehungen zur
Produktion existieren**
și, prin urmare, nu poate exista fără relațiile sale cu producția
**und deshalb kann sie nicht ohne ihre Beziehungen zur
Gesellschaft existieren**
și, prin urmare, nu poate exista fără relațiile sale cu societatea
**Alle früheren Industrieklassen hatten eine Bedingung
gemeinsam**
Toate clasele industriale anterioare aveau o condiție în comun
Sie setzten auf die Bewahrung der alten Produktionsweisen
s-au bazat pe conservarea vechilor moduri de producție
**aber die Bourgeoisie brachte eine völlig neue Dynamik mit
sich**
dar burghezia a adus cu ea o dinamică complet nouă
**Ständige Revolutionierung der Produktion und
ununterbrochene Störung aller gesellschaftlichen
Verhältnisse**
Revoluționarea constantă a producției și perturbarea
neîntreruptă a tuturor condițiilor sociale
**diese immerwährende Unsicherheit und Unruhe
unterscheidet die Epoche der Bourgeoisie von allen früheren**
această incertitudine și agitație veșnică disting epoca
burgheziei de toate cele anterioare
**Die bisherigen Beziehungen zur Produktion waren mit alten
und ehrwürdigen Vorurteilen und Meinungen verbunden**
Relațiile anterioare cu producția au venit cu prejudecăți și
opinii străvechi și venerabile
**Aber all diese festgefahrenen, eingefrorenen Beziehungen
werden hinweggefegt**
dar toate aceste relații fixe și înghețate sunt măturate
**Alle neu gebildeten Verhältnisse werden antiquiert, bevor
sie erstarren können**
toate relațiile nou formate devin învechite înainte de a se
putea osifica
**Alles, was fest ist, zerschmilzt in Luft, und alles, was heilig
ist, wird entweiht**

Tot ceea ce este solid se topește în aer și tot ce este sfânt este profanat

Der Mensch ist endlich gezwungen, mit nüchternen Sinnen seinen wirklichen Lebensbedingungen ins Auge zu sehen

Omul este în sfârșit obligat să înfrunte cu simțurile serioase, condițiile sale reale de viață

und er ist gezwungen, sich seinen Beziehungen zu seinesgleichen zu stellen

și este obligat să-și înfrunte relațiile cu neamul său

Die Bourgeoisie muss ständig ihre Märkte für ihre Produkte erweitern

Burghezia are nevoie în mod constant să-și extindă piețele pentru produsele sale

und deshalb wird die Bourgeoisie über die ganze Erdoberfläche gejagt

și, din această cauză, burghezia este urmărită pe întreaga suprafață a globului

Die Bourgeoisie muss sich überall einnisten, sich überall niederlassen, überall Verbindungen herstellen

Burghezia trebuie să se cuibărească peste tot, să se stabilească peste tot, să stabilească legături peste tot

Die Bourgeoisie muss in jedem Winkel der Welt Märkte schaffen, um sie auszubeuten

Burghezia trebuie să creeze piețe în fiecare colț al lumii pentru a le exploata

Die Produktion und der Konsum in jedem Land haben einen kosmopolitischen Charakter erhalten

Producția și consumul din fiecare țară au primit un caracter cosmopolit

der Verdruss der Reaktionäre ist mit Händen zu greifen, aber er hat sich trotzdem fortgesetzt

supărarea reacționarilor este palpabilă, dar a continuat cu toate acestea.

Die Bourgeoisie hat der Industrie den nationalen Boden, auf dem sie stand, unter den Füßen weggezogen

Burghezia a tras de sub picioarele industriei terenul național
pe care stătea

Alle alteingesessenen nationalen Industrien sind zerstört
worden oder werden täglich zerstört

toate industriile naționale vechi au fost distruse sau sunt
distruse zilnic

Alle alteingesessenen nationalen Industrien werden durch
neue Industrien verdrängt

Toate industriile naționale vechi sunt dislocate de noi industrii

Ihre Einführung wird zu einer Frage von Leben und Tod für
alle zivilisierten Völker

introducerea lor devine o întrebare de viață și de moarte
pentru toate națiunile civilizate

Sie werden von Industrien verdrängt, die keine heimischen
Rohstoffe mehr verarbeiten

sunt dislocate de industrii care nu mai exploatează materie
primă autohtonă

Stattdessen beziehen diese Industrien Rohstoffe aus den
entlegensten Zonen

în schimb, aceste industrii extrag materii prime din zonele cele
mai îndepărtate

Industrien, deren Produkte nicht nur zu Hause, sondern in
allen Teilen der Welt konsumiert werden

industrii ale căror produse sunt consumate, nu numai acasă, ci
în fiecare colț al globului

An die Stelle der alten Bedürfnisse, die durch die
Erzeugnisse des Landes befriedigt werden, treten neue
Bedürfnisse

În locul vechilor dorințe, satisfăcute de producțiile țării, găsim
noi nevoi

Diese neuen Bedürfnisse bedürfen zu ihrer Befriedigung
der Produkte aus fernen Ländern und Klimazonen

Aceste noi nevoi necesită pentru satisfacerea lor produse din
țări și clime îndepărtate

An die Stelle der alten lokalen und nationalen
Abgeschiedenheit und Selbstversorgung tritt der Handel

În locul vechii izolări şi autosuficienţe locale şi naţionale, avem comerţ

internationaler Austausch in alle Richtungen; universelle Interdependenz der Nationen

schimburi internaţionale în toate direcţiile; interdependenţa universală a naţiunilor

Und so wie wir von Materialien abhängig sind, so sind wir von der intellektuellen Produktion abhängig

Şi aşa cum depindem de materiale, tot aşa suntem dependenţi de producţia intelectuală

Die geistigen Schöpfungen der einzelnen Nationen werden zum Gemeingut

Creaţiile intelectuale ale naţiunilor individuale devin proprietate comună

Nationale Einseitigkeit und Engstirnigkeit werden immer unmöglicher

Unilateralitatea naţională şi îngustimea mentală devin din ce în ce mai imposibile

Und aus den zahlreichen nationalen und lokalen Literaturen entsteht eine Weltliteratur

şi din numeroasele literaturi naţionale şi locale, se naşte o literatură mondială

durch die rasche Verbesserung aller Produktionsmittel

prin îmbunătăţirea rapidă a tuturor instrumentelor de producţie

durch die immens erleichterten Kommunikationsmittel

prin mijloacele de comunicare extrem de facilitate

Die Bourgeoisie zieht alle (auch die barbarischsten Nationen) in die Zivilisation hinein

Burghezia atrage toate (chiar şi cele mai barbare naţiuni) în civilizaţie

Die billigen Preise seiner Waren; die schwere Artillerie, die alle chinesischen Mauern niederreißt

Preţurile ieftine ale mărfurilor sale; artileria grea care dărâmă toate zidurile chinezeşti

Der hartnäckige Fremdenhass der Barbaren wird zur Kapitulation gezwungen

Ura intens încăpăţânată a barbarilor faţă de străini este forţată să capituleze

Sie zwingt alle Nationen, unter Androhung des Aussterbens, die Bourgeoisie Produktionsweise anzunehmen

Ea obligă toate naţiunile, sub pedeapsa disparaţiei, să adopte modul de producţie burghez

Sie zwingt sie, das, was sie Zivilisation nennt, in ihre Mitte einzuführen

îi obligă să introducă ceea ce numeşte civilizaţie în mijlocul lor

Die Bourgeoisie zwingt die Barbaren, selbst zur Bourgeoisie zu werden

Burghezia îi forţează pe barbari să devină ei înşişi burghezi

mit einem Wort, die Bourgeoisie schafft sich eine Welt nach ihrem Bilde

într-un cuvânt, burghezia creează o lume după propria imagine

Die Bourgeoisie hat das Land der Herrschaft der Städte unterworfen

Burghezia a supus mediul rural stăpânirii oraşelor

Sie hat riesige Städte geschaffen und die Stadtbevölkerung stark vergrößert

A creat oraşe enorme şi a crescut foarte mult populaţia urbană

Sie rettete einen beträchtlichen Teil der Bevölkerung vor der Idiotie des Landlebens

a salvat o parte considerabilă a populaţiei de idioţenia vieţii rurale

Aber sie hat die Menschen auf dem Lande von den Städten abhängig gemacht

dar i-a făcut pe cei de la ţară dependenţi de oraşe

Und ebenso hat sie die barbarischen Länder von den zivilisierten abhängig gemacht

şi, de asemenea, a făcut ţările barbare dependente de cele civilizate

Bauernnationen gegen Völker der Bourgeoisie, Osten gegen Westen

națiuni de țărani pe națiuni de burghezie, de la est la vest

Die Bourgeoisie beseitigt den zerstreuten Zustand der Bevölkerung mehr und mehr

Burghezia elimină din ce în ce mai mult statul împrăștiat al populației

Sie hat die Produktion agglomeriert und das Eigentum in wenigen Händen konzentriert

A aglomerat producția și a concentrat proprietatea în câteva mâini

Die notwendige Konsequenz daraus war eine politische Zentralisierung

Consecința necesară a acestui lucru a fost centralizarea politică

Es gab unabhängige Nationen und lose miteinander verbundene Provinzen

au existat națiuni independente și provincii slab conectate

Sie hatten getrennte Interessen, Gesetze, Regierungen und Steuersysteme

au avut interese, legi, guverne și sisteme de impozitare separate

Aber sie sind zu einer Nation zusammengeschmolzen, mit einer Regierung

dar au fost grupate într-o singură națiune, cu un singur guvern

Sie haben jetzt ein nationales Klasseninteresse, eine Grenze und einen Zolltarif

acum au un interes de clasă național, o frontieră și un tarif vamal

Und dieses nationale Klasseninteresse ist unter einem Gesetzbuch vereinigt

și acest interes național de clasă este unificat sub un singur cod de legi

die Bourgeoisie hat während ihrer knapp hundertjährigen Herrschaft viel erreicht

burghezia a realizat multe în timpul guvernării sale de abia o sută de ani

massivere und kolossalere Produktivkräfte als alle vorhergehenden Generationen zusammen

forțe de producție mai masive și colosale decât toate generațiile anterioare împreună

Die Kräfte der Natur sind dem Willen des Menschen und seiner Maschinerie unterworfen

Forțele naturii sunt subjugate voinței omului și mașinăriei sale

Die Chemie wird auf alle Industrieformen und Landwirtschaftsformen angewendet

Chimia este aplicată tuturor formelor de industrie și tipurilor de agricultură

Dampfschiffahrt, Eisenbahnen, elektrische Telegraphen und die Druckerpresse

navigație cu aburi, căi ferate, telegrafe electrice și tiparniță

Rodung ganzer Kontinente für den Anbau, Kanalisierung von Flüssen

defrișarea continentelor întregi pentru cultivare, canalizarea râurilor

ganze Populationen wurden aus dem Boden gezaubert und an die Arbeit gebracht

populații întregi au fost scoase din pământ și puse la lucru

Welches frühere Jahrhundert hatte auch nur eine Ahnung von dem, was entfesselt werden könnte?

Ce secol anterior a avut măcar o presimțire a ceea ce ar putea fi dezlănțuit?

Wer hat vorausgesagt, dass solche Produktivkräfte im Schoß der gesellschaftlichen Arbeit schlummern?

Cine a prezis că astfel de forțe productive dorm în poala muncii sociale?

Wir sehen also, daß die Produktions- und Tauschmittel in der feudalen Gesellschaft erzeugt wurden

vedem atunci că mijloacele de producție și de schimb au fost generate în societatea feudală

die Produktionsmittel, auf deren Grundlage sich die Bourgeoisie aufbaute

mijloacele de producție pe temelia cărora s-a construit burghezia

Auf einer bestimmten Stufe der Entwicklung dieser Produktions- und Tauschmittel

La un anumit stadiu al dezvoltării acestor mijloace de producție și de schimb

die Bedingungen, unter denen die feudale Gesellschaft produzierte und tauschte

condițiile în care societatea feudală a produs și a făcut schimb

Die feudale Organisation der Landwirtschaft und des verarbeitenden Gewerbes

Organizația feudală a agriculturii și industriei prelucrătoare

Die feudalen Eigentumsverhältnisse waren mit den materiellen Verhältnissen nicht mehr vereinbar

relațiile feudale de proprietate nu mai erau compatibile cu condițiile materiale

Sie mussten gesprengt werden, also wurden sie auseinandergesprengt

Au trebuit să fie sparte în bucăți, așa că au fost rupte în bucăți

An ihre Stelle trat die freie Konkurrenz der Produktivkräfte

În locul lor a pășit concurența liberă din partea forțelor productive

Und sie wurden von einer ihr angepassten sozialen und politischen Verfassung begleitet

și au fost însoțite de o constituție socială și politică adaptată acesteia

und sie wurde begleitet von der ökonomischen und politischen Herrschaft der Bourgeoisie Klasse

și a fost însoțit de influența economică și politică a clasei burgheze

Eine ähnliche Bewegung vollzieht sich vor unseren eigenen Augen

O mișcare similară se întâmplă sub ochii noștri

Die moderne Bourgeoisie Gesellschaft mit ihren Produktions-, Tausch- und Eigentumsverhältnissen

Societatea burgheză modernă cu relațiile sale de producție, de schimb și de proprietate

eine Gesellschaft, die so gigantische Produktions- und Tauschmittel heraufbeschworen hat

o societate care a creat mijloace de producție și de schimb atât de gigantice

Es ist wie der Zauberer, der die Mächte der Unterwelt heraufbeschworen hat

Este ca vrăjitorul care a chemat puterile lumii inferioare

Aber er ist nicht mehr in der Lage, zu kontrollieren, was er in die Welt gebracht hat

Dar nu mai este capabil să controleze ceea ce a adus în lume

Viele Jahrzehnte lang war die vergangene Geschichte durch einen roten Faden miteinander verbunden

Timp de mai multe decenii, istoria trecută a fost legată de un fir comun

Die Geschichte der Industrie und des Handels ist nichts anderes als die Geschichte der Revolten

istoria industriei și a comerțului nu a fost decât istoria revoltelor

die Revolten der modernen Produktivkräfte gegen die modernen Produktionsbedingungen

revoltele forțelor de producție moderne împotriva condițiilor moderne de producție

die Revolten der modernen Produktivkräfte gegen die Eigentumsverhältnisse

revoltele forțelor de producție moderne împotriva relațiilor de proprietate

diese Eigentumsverhältnisse sind die Bedingungen für die Existenz der Bourgeoisie

aceste relații de proprietate sunt condițiile existenței burgheziei

und die Existenz der Bourgeoisie bestimmt die Regeln der Eigentumsverhältnisse

iar existența burgheziei determină regulile pentru relațiile de proprietate

Es genügt, die periodische Wiederkehr von Handelskrisen zu erwähnen

Este suficient să menționăm revenirea periodică a crizelor comerciale

jede Handelskrise ist für die Bourgeoisie Gesellschaft bedrohlicher als die letzte

fiecare criză comercială este mai amenințătoare pentru societatea burgheză decât ultima

In diesen Krisen wird ein großer Teil der bestehenden Produkte vernichtet

În aceste crize o mare parte din produsele existente sunt distruse

Diese Krisen zerstören aber auch die zuvor geschaffenen Produktivkräfte

Dar aceste crize distrug și forțele de producție create anterior

In allen früheren Epochen wären diese Epidemien als Absurdität erschienen

În toate epocile anterioare, aceste epidemii ar fi părut o absurditate

denn diese Epidemien sind die kommerziellen Krisen der Überproduktion

pentru că aceste epidemii sunt crizele comerciale ale supraproducției

Die Gesellschaft befindet sich plötzlich wieder in einem Zustand der momentanen Barbarei

Societatea se trezește brusc înapoi într-o stare de barbarie de moment

als ob ein allgemeiner Verwüstungskrieg jede Möglichkeit des Lebensunterhalts abgeschnitten hätte

ca și cum un război universal de devastare ar fi tăiat orice mijloace de subzistență

Industrie und Handel scheinen zerstört worden zu sein; Und warum?

industria și comerțul par să fi fost distruse; Și de ce?

Weil es zu viel Zivilisation und Subsistenzmittel gibt
Pentru că există prea multă civilizație și mijloace de
subzistență
Und weil es zu viel Industrie und zu viel Handel gibt
și pentru că există prea multă industrie și prea mult comerț
Die Produktivkräfte, die der Gesellschaft zur Verfügung
stehen, entwickeln nicht mehr das Bourgeoisie Eigentum
Forțele de producție de care dispune societatea nu mai
dezvoltă proprietatea burgheză
im Gegenteil, sie sind zu mächtig geworden für diese
Verhältnisse, durch die sie gefesselt sind
dimpotrivă, au devenit prea puternici pentru aceste condiții,
prin care sunt înlănțuiți
sobald sie diese Fesseln überwunden haben, bringen sie
Unordnung in die ganze Bourgeoisie Gesellschaft
de îndată ce depășesc aceste cătușe, aduc dezordine în
întreaga societate burgheză
und die Produktivkräfte gefährden die Existenz des
Bourgeoisie Eigentums
iar forțele de producție pun în pericol existența proprietății
burgheze
Die Bedingungen der Bourgeoisie Gesellschaft sind zu eng,
um den von ihnen geschaffenen Reichtum zu erfassen
Condițiile societății burgheze sunt prea înguste pentru a
cuprinde bogăția creată de ele
Und wie überwindet die Bourgeoisie diese Krisen?
Și cum trece burghezia peste aceste crize?
Einerseits überwindet sie diese Krisen durch die
erzwungene Vernichtung einer Masse von Produktivkräften
Pe de o parte, depășește aceste crize prin distrugerea forțată a
unei mase de forțe productive
Andererseits überwindet sie diese Krisen durch die
Eroberung neuer Märkte
pe de altă parte, depășește aceste crize prin cucerirea de noi
piețe

Und sie überwindet diese Krisen durch die gründlichere Ausbeutung der alten Produktivkräfte

și depășește aceste crize prin exploatarea mai profundă a vechilor forțe de producție

Das heißt, indem sie den Weg für umfangreichere und zerstörerischere Krisen ebnen

Cu alte cuvinte, deschizând calea pentru crize mai extinse și mai distructive

Sie überwindet die Krise, indem sie die Mittel zur Krisenprävention einschränkt

ea depășește criza prin diminuarea mijloacelor prin care sunt prevenite crizele

Die Waffen, mit denen die Bourgeoisie den Feudalismus zu Fall brachte, sind jetzt gegen sich selbst gerichtet

Armele cu care burghezia a doborât feudalismul sunt acum întoarse împotriva ei însăși

Aber die Bourgeoisie hat nicht nur die Waffen geschmiedet, die sich selbst den Tod bringen

Dar nu numai că burghezia a forjat armele care își aduc moartea

Sie hat auch die Männer ins Leben gerufen, die diese Waffen führen sollen

De asemenea, i-a chemat la existență pe oamenii care urmau să mânuiască acele arme

Und diese Männer sind die moderne Arbeiterklasse; Sie sind die Proletarier

și acești oameni sunt clasa muncitoare modernă; ei sunt proletarii

In dem Maße, wie die Bourgeoisie entwickelt ist, entwickelt sich auch das Proletariat

În măsura în care burghezia este dezvoltată, în aceeași proporție se dezvoltă proletariatul

Die moderne Arbeiterklasse entwickelte eine Klasse von Arbeitern

clasa muncitoare modernă a dezvoltat o clasă de muncitori

Diese Klasse von Arbeitern lebt nur so lange, wie sie Arbeit findet

Această clasă de muncitori trăiește doar atâta timp cât își găsesc de lucru

Und sie finden nur so lange Arbeit, wie ihre Arbeit das Kapital vermehrt

și își găsesc de lucru numai atâta timp cât munca lor crește capitalul

Diese Arbeiter, die sich stückweise verkaufen müssen, sind eine Ware

Acești muncitori, care trebuie să se vândă pe bucăți, sunt o marfă

Diese Arbeiter sind wie jeder andere Handelsartikel

acești muncitori sunt ca orice alt articol de comerț

und sie sind folglich allen Wechselfällen des Wettbewerbs ausgesetzt

și, în consecință, sunt expuși la toate vicisitudinile concurenței

Sie müssen alle Schwankungen des Marktes überstehen

trebuie să facă față tuturor fluctuațiilor pieței

Aufgrund des umfangreichen Maschineneinsatzes und der Arbeitsteilung

Datorită utilizării pe scară largă a mașinilor și diviziunii muncii

Die Arbeit der Proletarier hat jeden individuellen Charakter verloren

Munca proletarilor și-a pierdut orice caracter individual

Und folglich hat die Arbeit der Proletarier für den Arbeiter jeden Reiz verloren

și, în consecință, munca proletarilor și-a pierdut tot farmecul pentru muncitor

Er wird zu einem Anhängsel der Maschine und nicht mehr zu dem Mann, der er einmal war

El devine un apendice al mașinii, mai degrabă decât omul care a fost cândva

Nur das einfachste, eintönigste und am leichtesten zu erwerbende Geschick wird von ihm verlangt

Numai cel mai simplu, monoton și cel mai ușor de dobândit
este necesar de la el
Daher sind die Produktionskosten eines Arbeiters begrenzt
Prin urmare, costul de producție al unui muncitor este
restricționat
sie beschränkt sich fast ausschließlich auf die Mittel zur
Bestreitung des Lebensunterhalts, die er zu seinem
Unterhalt benötigt
este limitată aproape în întregime la mijloacele de subzistență
de care are nevoie pentru întreținerea sa
und sie beschränkt sich auf die Subsistenzmittel, die er zur
Fortpflanzung seiner Rasse benötigt
și este limitat la mijloacele de subzistență de care are nevoie
pentru propagarea rasei sale
Aber der Preis einer Ware, also auch der Arbeit, ist gleich
ihren Produktionskosten
Dar prețul unei mărfuri și, prin urmare, și al muncii, este egal
cu costul său de producție
In dem Maße also, wie die Widerwärtigkeit der Arbeit
zunimmt, sinkt der Lohn
Prin urmare, în măsura în care respingerea muncii crește,
salariul scade
Ja, die Widerwärtigkeit seiner Arbeit nimmt sogar noch
mehr zu
Ba mai mult, respingerea operei sale crește într-un ritm și mai
mare
In dem Maße, wie der Einsatz von Maschinen und die
Arbeitsteilung zunehmen, steigt auch die Last der Arbeit
Pe măsură ce utilizarea mașinilor și diviziunea muncii crește,
crește și povara muncii
Die Arbeitsbelastung wird durch die Verlängerung der
Arbeitszeit erhöht
povara muncii este sporită prin prelungirea orelor de lucru
Dem Arbeiter wird in der gleichen Zeit mehr zugemutet als
zuvor
se așteaptă mai mult de la muncitor în același timp ca înainte

Und natürlich wird die Last der Arbeit durch die Geschwindigkeit der Maschinerie erhöht

și, desigur, povara muncii este crescută de viteza mașinilor

Die moderne Industrie hat die kleine Werkstatt des patriarchalischen Meisters in die große Fabrik des industriellen Kapitalisten verwandelt

Industria modernă a transformat micul atelier al stăpânului patriarhal în marea fabrică a capitalistului industrial

Massen von Arbeitern, die in die Fabrik gedrängt sind, sind wie Soldaten organisiert

Masele de muncitori, înghesuite în fabrică, sunt organizate ca niște soldați

Als Gefreite der Industriearmee stehen sie unter dem Kommando einer vollkommenen Hierarchie von Offizieren und Unteroffizieren

Ca soldați ai armatei industriale, ei sunt plasați sub comanda unei ierarhii perfecte de ofițeri și sergenți

sie sind nicht nur die Sklaven der Bourgeoisie und des Staates

ei nu sunt doar sclavii burgheziei, clasei și statului

Aber sie werden auch täglich und stündlich von der Maschine versklavt

dar sunt și sclavi zilnic și din oră în oră de mașină

sie sind Sklaven des Aufsehers und vor allem des einzelnen Bourgeoisie Fabrikanten selbst

ele sunt înrobite de privitor și, mai presus de toate, de însuși burghezia însuși

Je offener dieser Despotismus den Gewinn als seinen Zweck und sein Ziel proklamiert, desto kleinlicher, verhaßter und verbitterender ist er

Cu cât acest despotism proclamă mai deschis că câștigul este scopul și scopul său, cu atât este mai meschin, mai urât și mai amar

Je mehr sich die moderne Industrie entwickelt, desto geringer sind die Unterschiede zwischen den Geschlechtern

Cu cât industria modernă se dezvoltă, cu atât diferenţele
dintre sexe sunt mai mici

**Je geringer die Geschicklichkeit und Kraftanstrengung der
Handarbeit ist, desto mehr wird die Arbeit der Männer von
der der Frauen verdrängt**

Cu cât munca manuală este mai puţină îndemânarea şi forţa
implicată, cu atât munca bărbaţilor este mai mult înlocuită de
cea a femeilor

**Alters- und Geschlechtsunterschiede haben für die
Arbeiterklasse keine besondere gesellschaftliche Gültigkeit
mehr**

Diferenţele de vârstă şi sex nu mai au nicio validitate socială
distinctivă pentru clasa muncitoare

**Alle sind Arbeitsinstrumente, die je nach Alter und
Geschlecht mehr oder weniger teuer zu gebrauchen sind**

Toate sunt instrumente de muncă, mai mult sau mai puţin
costisitoare de utilizat, în funcţie de vârstă şi sex

**sobald der Arbeiter seinen Lohn in bar erhält, wird er von
den übrigen Teilen der Bourgeoisie angegriffen**

de îndată ce muncitorul îşi primeşte salariul în numerar,
atunci este atacat de celelalte părţi ale burgheziei

der Vermieter, der Ladenbesitzer, der Pfandleiher usw

proprietarul, negustorul, amanetul etc

**Die unteren Schichten der Mittelschicht; die kleinen
Handwerker und Ladenbesitzer**

Păturile inferioare ale clasei de mijloc; Micii meseriaşi şi
comercianţii

**die pensionierten Gewerbetreibenden überhaupt, die
Handwerker und Bauern**

comercianţii pensionaţi în general, meşteşugarii şi ţăranii

all dies sinkt allmählich in das Proletariat ein

toate acestea se scufundă treptat în proletariat

**theils deshalb, weil ihr winziges Kapital nicht ausreicht für
den Maßstab, in dem die moderne Industrie betrieben wird**

parţial pentru că capitalul lor redus nu este suficient pentru
amploarea pe care se desfăşoară industria modernă

und weil sie in der Konkurrenz mit den Großkapitalisten
überschwemmt wird

și pentru că este copleșit în competiția cu marii capitaliști

zum Teil deshalb, weil ihr spezialisiertes Können durch die
neuen Produktionsmethoden wertlos wird

în parte pentru că priceperea lor specializată este făcută fără
valoare de noile metode de producție

So rekrutiert sich das Proletariat aus allen Klassen der
Bevölkerung

Astfel, proletariatul este recrutat din toate clasele populației

Das Proletariat durchläuft verschiedene Entwicklungsstufen

Proletariatul trece prin diferite stadii de dezvoltare

Mit ihrer Geburt beginnt der Kampf mit der Bourgeoisie

Odată cu nașterea ei începe lupta cu burghezia

Zuerst wird der Kampf von einzelnen Arbeitern geführt

La început, concursul este purtat de muncitori individuali

Dann wird der Kampf von den Arbeitern einer Fabrik
ausgetragen

apoi concursul este continuat de muncitorii unei fabrici

Dann wird der Kampf von den Arbeitern eines Gewerbes an
einem Ort ausgetragen

apoi lupta este purtată de lucrătorii unei meserii, într-o
localitate

und der Kampf richtet sich dann gegen die einzelne
Bourgeoisie, die sie direkt ausbeutet

iar lupta este atunci împotriva burgheziei individuale care îi
exploatează direct

Sie richten ihre Angriffe nicht gegen die Bourgeoisie
Produktionsbedingungen

Ei își direcționează atacurile nu împotriva condițiilor de
producție ale burgheziei

aber sie richten ihren Angriff gegen die Produktionsmittel
selbst

dar își îndreaptă atacul împotriva instrumentelor de producție
însele

Sie vernichten importierte Waren, die mit ihrer Arbeitskraft konkurrieren

distrug mărfurile importate care concurează cu forța lor de muncă

Sie zertrümmern Maschinen und setzen Fabriken in Brand

sparg în bucăți mașini și dau foc fabricilor

sie versuchen, den verschwundenen Status des Arbeiters des Mittelalters mit Gewalt wiederherzustellen

ei caută să restabilească prin forță statutul dispărut al muncitorului din Evul Mediu

In diesem Stadium bilden die Arbeiter noch eine unzusammenhängende Masse, die über das ganze Land verstreut ist

În acest stadiu, muncitorii încă formează o masă incoerentă împrăștiată în întreaga țară

und sie werden durch ihre gegenseitige Konkurrenz zerrissen

și sunt despărțiți de competiția lor reciprocă

Wenn sie sich irgendwo zu kompakteren Körpern vereinigen, so ist dies noch nicht die Folge ihrer eigenen aktiven Vereinigung

Dacă undeva se unesc pentru a forma corpuri mai compacte, aceasta nu este încă consecința propriei lor uniuni active

aber es ist eine Folge der Vereinigung der Bourgeoisie, ihre eigenen politischen Ziele zu erreichen

dar este o consecință a unirii burgheziei, pentru a-și atinge propriile scopuri politice

die Bourgeoisie ist gezwungen, das ganze Proletariat in Bewegung zu setzen

burghezia este obligată să pună în mișcare întregul proletariat

und überdies ist die Bourgeoisie eine Zeitlang dazu in der Lage

și, mai mult, pentru o vreme, burghezia este capabilă să facă acest lucru

In diesem Stadium kämpfen die Proletarier also nicht gegen ihre Feinde

Prin urmare, în acest stadiu, proletarii nu se luptă cu duşmanii lor

Stattdessen kämpfen sie gegen die Feinde ihrer Feinde

dar în schimb se luptă cu duşmanii duşmanilor lor

Der Kampf gegen die Überreste der absoluten Monarchie und die Großgrundbesitzer

lupta cu rămăşiţele monarhiei absolute şi cu proprietarii de pământ

sie bekämpfen die nicht-industrielle Bourgeoisie; das Kleiliche Bourgeoisie

luptă împotriva burgheziei non-industriale; mica burghezie

So ist die ganze historische Bewegung in den Händen der Bourgeoisie konzentriert

Astfel, întreaga mişcare istorică este concentrată în mâinile burgheziei

jeder so errungene Sieg ist ein Sieg der Bourgeoisie

fiecare victorie astfel obţinută este o victorie pentru burghezie

Aber mit der Entwicklung der Industrie wächst nicht nur die Zahl des Proletariats

Dar odată cu dezvoltarea industriei, proletariatul nu numai că creşte în număr

das Proletariat konzentriert sich in größeren Massen und seine Kraft wächst

proletariatul se concentrează în mase mai mari şi puterea sa creşte

und das Proletariat spürt diese Kraft mehr und mehr

iar proletariatul simte această putere din ce în ce mai mult

Die verschiedenen Interessen und Lebensbedingungen in den Reihen des Proletariats gleichen sich mehr und mehr an

Diferitele interese şi condiţii de viaţă în rândurile proletariatului sunt din ce în ce mai egale

sie werden in dem Maße größer, wie die Maschinerie alle Unterschiede der Arbeit verwischt

ele devin din ce în ce mai proporţionale pe măsură ce maşinile şterg toate distincţiile de muncă

Und die Maschinen senken fast überall die Löhne auf das gleiche niedrige Niveau

iar utilajele aproape pretutindeni reduc salariile la acelaşi nivel scăzut

Die wachsende Konkurrenz der Bourgeoisie und die daraus resultierenden Handelskrisen lassen die Löhne der Arbeiter immer schwankender

Concurenţa crescândă între burghezie şi crizele comerciale care au rezultat fac ca salariile muncitorilor să fie din ce în ce mai fluctuante

Die unaufhörliche Verbesserung der sich immer schneller entwickelnden Maschinen macht ihren Lebensunterhalt immer prekärer

Perfecţionarea neîncetată a maşinilor, care se dezvoltă din ce în ce mai rapid, face ca mijloacele lor de trai să fie din ce în ce mai precare

die Kollisionen zwischen einzelnen Arbeitern und einzelnen Bourgeoisien nehmen immer mehr den Charakter von Zusammenstößen zwischen zwei Klassen an

ciocnirile dintre muncitorii individuali şi burghezia individuală caprind din ce în ce mai mult caracterul de ciocnire între două clase

Darauf beginnen die Arbeiter, sich gegen die Bourgeoisie zu verbünden (Gewerkschaften)

Atunci muncitorii încep să formeze combinaţii (sindicate) împotriva burgheziei

Sie schließen sich zusammen, um die Löhne hoch zu halten

Ei se unesc pentru a menţine rata salariilor

sie gründeten ständige Vereinigungen, um für diese gelegentlichen Revolten im voraus Vorsorge zu treffen

au găsit asociaţii permanente pentru a lua măsuri prealabile pentru aceste revolte ocazionale

Hier und da bricht der Wettkampf in Ausschreitungen aus

Ici şi colo concursul izbucneşte în revolte

Hin und wieder siegen die Arbeiter, aber nur für eine gewisse Zeit

Din când în când, muncitorii sunt victorioși, dar numai pentru
o vreme

**Die wirkliche Frucht ihrer Kämpfe liegt nicht in den
unmittelbaren Ergebnissen, sondern in der immer größer
werdenden Vereinigung der Arbeiter**

Adevăratul rod al bătăliilor lor nu constă în rezultatul imediat,
ci în uniunea în continuă expansiune a muncitorilor

**Diese Vereinigung wird durch die verbesserten
Kommunikationsmittel unterstützt, die von der modernen
Industrie geschaffen werden**

Această uniune este ajutată de mijloacele de comunicare
îmbunătățite create de industria modernă

**Die moderne Kommunikation bringt die Arbeiter
verschiedener Orte miteinander in Kontakt**

Comunicarea modernă pune în contact lucrătorii din diferite
localități

**Es war gerade dieser Kontakt, der nötig war, um die
zahlreichen lokalen Kämpfe zu einem nationalen Kampf
zwischen den Klassen zu zentralisieren**

Tocmai acest contact a fost necesar pentru a centraliza
numeroasele lupte locale într-o singură luptă națională între
clase

**Alle diese Kämpfe haben den gleichen Charakter, und jeder
Klassenkampf ist ein politischer Kampf**

Toate aceste lupte sunt de același caracter și fiecare luptă de
clasă este o luptă politică

**die Bürger des Mittelalters mit ihren elenden Landstraßen
brauchten Jahrhunderte, um ihre Vereinigungen zu bilden**

burghezii din Evul Mediu, cu autostrăzile lor mizerabile, au
avut nevoie de secole pentru a-și forma uniunile

**Die modernen Proletarier erreichen dank der Eisenbahn ihre
Gewerkschaften innerhalb weniger Jahre**

proletarii moderni, datorită căilor ferate, își realizează
uniunile în câțiva ani

**Diese Organisation der Proletarier zu einer Klasse formte sie
folglich zu einer politischen Partei**

Această organizare a proletarilor într-o clasă i-a transformat, în consecinţă, într-un partid politic

Die politische Klasse wird immer wieder durch die Konkurrenz zwischen den Arbeitern selbst verärgert

clasa politică este din nou supărată de competiţia dintre muncitori înşişi

Aber die politische Klasse erhebt sich weiter, stärker, fester, mächtiger

Dar clasa politică continuă să se ridice din nou, mai puternică, mai fermă, mai puternică

Er zwingt zur gesetzgeberischen Anerkennung der besonderen Interessen der Arbeitnehmer

Aceasta impune recunoaşterea legislativă a intereselor specifice ale lucrătorilor

sie tut dies, indem sie sich die Spaltungen innerhalb der Bourgeoisie selbst zunutze macht

face acest lucru profitând de diviziunile din cadrul burgheziei însăşi

Damit wurde das Zehnstundengesetz in England in Kraft gesetzt

Astfel, proiectul de lege de zece ore din Anglia a fost pus în lege

in vielerlei Hinsicht ist der Zusammenstoß zwischen den Klassen der alten Gesellschaft ferner der Entwicklungsgang des Proletariats

în multe privinţe, ciocnirea dintre clasele vechii societăţi este şi mai departe cursul dezvoltării proletariatului

Die Bourgeoisie befindet sich in einem ständigen Kampf

Burghezia se află implicată într-o luptă constantă

Zuerst wird sie sich in einem ständigen Kampf mit der Aristokratie wiederfinden

La început se va trezi implicat într-o luptă constantă cu aristocraţia

später wird sie sich in einem ständigen Kampf mit diesen Teilen der Bourgeoisie selbst wiederfinden

mai târziu se va trezi implicat într-o luptă constantă cu acele
părți ale burgheziei însăși
**und ihre Interessen werden dem Fortschritt der Industrie
entgegengesetzt sein**
iar interesele lor vor fi devenit antagoniste progresului
industriei
**zu allen Zeiten werden ihre Interessen mit der Bourgeoisie
fremder Länder in Konflikt geraten sein**
în orice moment, interesele lor vor fi devenit antagoniste cu
burghezia țărilor străine
**In allen diesen Kämpfen sieht sie sich genötigt, an das
Proletariat zu appellieren, und bittet es um Hilfe**
În toate aceste bătălii se vede obligat să facă apel la proletariat
și îi cere ajutorul
**Und so wird sie sich gezwungen sehen, sie in die politische
Arena zu zerren**
și astfel, se va simți obligat să-l tragă în arena politică
**Die Bourgeoisie selbst versorgt also das Proletariat mit ihren
eigenen Instrumenten der politischen und allgemeinen
Erziehung**
Prin urmare, burghezia însăși furnizează proletariatului
propriile instrumente de educație politică și generală
**mit anderen Worten, sie liefert dem Proletariat Waffen für
den Kampf gegen die Bourgeoisie**
cu alte cuvinte, ea furnizează proletariatului arme pentru a
lupta împotriva burgheziei
**Ferner werden, wie wir schon gesehen haben, ganze
Schichten der herrschenden Klassen in das Proletariat
hineingestürzt**
Mai mult, după cum am văzut deja, secțiuni întregi ale
claselor conducătoare sunt precipitate în proletariat
**der Fortschritt der Industrie saugt sie in das Proletariat
hinein**
avansul industriei îi absoarbe în proletariat
**oder zumindest sind sie in ihren Existenzbedingungen
bedroht**

sau, cel puțin, sunt amenințate în condițiile lor de existență

Diese versorgen auch das Proletariat mit frischen Elementen der Aufklärung und des Fortschritts

Acestea furnizează, de asemenea, proletariatului elemente noi de iluminare și progres

Endlich, in Zeiten, in denen sich der Klassenkampf der entscheidenden Stunde nähert

În sfârșit, în vremuri în care lupta de clasă se apropie de ora decisivă

Der Auflösungsprozess innerhalb der herrschenden Klasse

procesul de dizolvare care se desfășoară în cadrul clasei conducătoare

In der Tat wird die Auflösung, die sich innerhalb der herrschenden Klasse vollzieht, in der gesamten Bandbreite der Gesellschaft zu spüren sein

de fapt, dizolvarea care are loc în cadrul clasei conducătoare va fi resimțită în întreaga gamă a societății

Sie wird einen so gewalttätigen, krassen Charakter annehmen, dass ein kleiner Teil der herrschenden Klasse sich selbst abtreibt

va căpăta un caracter atât de violent și de evident, încât o mică parte a clasei conducătoare se lasă în derivă

Und diese herrschende Klasse wird sich der revolutionären Klasse anschließen

și că clasa conducătoare se va alătura clasei revoluționare

Die revolutionäre Klasse ist die Klasse, die die Zukunft in ihren Händen hält

clasa revoluționară fiind clasa care deține viitorul în mâinile sale

Wie in früheren Zeiten ging ein Teil des Adels zur Bourgeoisie über

La fel ca într-o perioadă anterioară, o parte a nobilimii a trecut la burghezie

ebenso wird ein Teil der Bourgeoisie zum Proletariat übergehen

în același mod în care o parte a burgheziei va trece la proletariat

insbesondere wird ein Teil der Bourgeoisie zu einem Teil der Bourgeoisie Ideologen übergehen

în special, o parte din burghezie va trece la o parte din ideologii burgheziei

Bourgeoisie Ideologen, die sich auf die Ebene erhoben haben, die historische Bewegung als Ganzes theoretisch zu begreifen

Ideologii burghezi care s-au ridicat la nivelul înțelegerii teoretice a mișcării istorice în ansamblu

Von allen Klassen, die heute der Bourgeoisie gegenüberstehen, ist das Proletariat allein eine wirklich revolutionäre Klasse

Dintre toate clasele care se află astăzi față în față cu burghezia, numai proletariatul este o clasă cu adevărat revoluționară

Die anderen Klassen zerfallen und verschwinden schließlich im Angesicht der modernen Industrie

Celelalte clase se descompun și dispar în cele din urmă în fața industriei moderne

das Proletariat ist ihr besonderes und wesentliches Produkt

Proletariatul este produsul său special și esențial

Die untere Mittelschicht, der kleine Fabrikant, der Ladenbesitzer, der Handwerker, der Bauer

Clasa de mijloc inferioară, micul fabricant, negustorul, meșteșugarul, țăranul

all diese Kämpfe gegen die Bourgeoisie

toate acestea luptă împotriva burgheziei

Sie kämpfen als Fraktionen der Mittelschicht, um sich vor dem Aussterben zu retten

ei luptă ca fracțiuni ale clasei de mijloc pentru a se salva de la dispariție

Sie sind also nicht revolutionär, sondern konservativ

Prin urmare, ei nu sunt revoluționari, ci conservatori

Ja, mehr noch, sie sind reaktionär, denn sie versuchen, das Rad der Geschichte zurückzudrehen

Ba mai mult, ei sunt reacționari, pentru că încearcă să dea înapoi roata istoriei

Wenn sie zufällig revolutionär sind, so sind sie es nur im Hinblick auf ihre bevorstehende Überführung in das Proletariat

Dacă din întâmplare sunt revoluționari, sunt revoluționari numai în vederea transferului lor iminent în proletariat

Sie verteidigen also nicht ihre gegenwärtigen, sondern ihre zukünftigen Interessen

Astfel, ei își apără nu interesele prezente, ci viitoare

sie verlassen ihren eigenen Standpunkt, um sich auf den des Proletariats zu stellen

ei își părăsesc propriul punct de vedere pentru a se plasa la cel al proletariatului

Die »gefährliche Klasse«, der soziale Abschaum, diese passiv verrottende Masse, die von den untersten Schichten der alten Gesellschaft abgeworfen wird

"Clasa periculoasă", gunoiul social, acea masă putrezită pasiv aruncată de straturile de jos ale vechii societăți

sie können hier und da von einer proletarischen Revolution in die Bewegung hineingerissen werden

ei pot, ici și colo, să fie atrași în mișcare de o revoluție proletară

Seine Lebensbedingungen bereiten ihn jedoch viel mehr auf die Rolle eines bestochenen Werkzeugs reaktionärer Intrigen vor

Condițiile sale de viață, totuși, îl pregătesc mult mai mult pentru rolul unui instrument mituit al intrigilor reacționare

In den Verhältnissen des Proletariats sind die Verhältnisse der alten Gesellschaft im Allgemeinen bereits praktisch überschwemmt

În condițiile proletariatului, cele ale vechii societăți în general sunt deja practic copleșite

Der Proletarier ist ohne Eigentum

Proletarul este fără proprietate

sein Verhältnis zu Frau und Kindern hat mit den Familienverhältnissen der Bourgeoisie nichts mehr gemein

relația sa cu soția și copiii săi nu mai are nimic în comun cu relațiile de familie ale burgheziei

moderne industrielle Arbeit, moderne Unterwerfung unter das Kapital, dasselbe in England wie in Frankreich, in Amerika wie in Deutschland

munca industrială modernă, supunerea modernă față de capital, la fel în Anglia ca și în Franța, în America ca și în Germania

Seine Stellung in der Gesellschaft hat ihm jede Spur von nationalem Charakter genommen

Condiția sa în societate l-a dezbrăcat de orice urmă de caracter național

Gesetz, Moral, Religion sind für ihn so viele Bourgeoisie Vorurteile

Legea, moralitatea, religia sunt pentru el atâtea prejudecăți burgheze

und hinter diesen Vorurteilen lauern ebenso viele Bourgeoisie Interessen

și în spatele acestor prejudecăți se ascund în ambuscadă la fel de multe interese burgheze

Alle vorhergehenden Klassen, die die Oberhand gewannen, versuchten, ihren bereits erworbenen Status zu festigen

Toate clasele anterioare care au obținut avantajul au căutat să-și întărească statutul deja dobândit

Sie taten dies, indem sie die Gesellschaft als Ganzes ihren Aneignungsbedingungen unterwarfen

au făcut acest lucru supunând societatea în general condițiilor lor de însușire

Die Proletarier können nicht Herren der Produktivkräfte der Gesellschaft werden

Proletarii nu pot deveni stăpâni ai forțelor de producție ale societății

Sie kann dies nur tun, indem sie ihre eigene bisherige Aneignungsweise abschafft

poate face acest lucru doar prin abolirea propriului mod
anterior de însușire
**Und damit hebt sie auch jede andere bisherige
Aneignungsweise auf**
și, prin urmare, desființează și orice alt mod anterior de
însușire
Sie haben nichts Eigenes zu sichern und zu festigen
Ei nu au nimic propriu de asigurat și de întărit
**Ihre Aufgabe ist es, alle bisherigen Sicherheiten und
Versicherungen für individuelles Eigentum zu vernichten**
misiunea lor este de a distruge toate titlurile de valoare
anterioare și asigurările proprietății individuale
**Alle bisherigen historischen Bewegungen waren
Bewegungen von Minderheiten**
Toate mișcările istorice anterioare au fost mișcări ale
minorităților
**oder es handelte sich um Bewegungen im Interesse von
Minderheiten**
sau erau mișcări în interesul minorităților
**Die proletarische Bewegung ist die selbstbewusste,
selbständige Bewegung der ungeheuren Mehrheit**
Mișcarea proletară este mișcarea independentă și conștientă
de sine a imensei majorități
Und es ist eine Bewegung im Interesse der großen Mehrheit
și este o mișcare în interesul imensei majorități
**Das Proletariat, die unterste Schicht unserer heutigen
Gesellschaft**
Proletariatul, stratul cel mai de jos al societății noastre actuale
**Sie kann sich nicht regen oder erheben, ohne daß die ganze
übergeordnete Schicht der offiziellen Gesellschaft in die
Luft geschleudert wird**
nu se poate mișca sau ridica fără ca toate păturile superioare
ale societății oficiale să fie ridicate în aer
**Der Kampf des Proletariats mit der Bourgeoisie ist, wenn
auch nicht der Substanz nach, doch zunächst ein nationaler
Kampf**

Deși nu în substanță, dar în formă, lupta proletariatului cu burghezia este la început o luptă națională

Das Proletariat eines jeden Landes muss natürlich vor allem mit seiner eigenen Bourgeoisie abrechnen

Proletariatul fiecărei țări trebuie, desigur, să rezolve mai întâi de toate problemele cu propria sa burghezie

Indem wir die allgemeinsten Phasen der Entwicklung des Proletariats schilderten, verfolgten wir den mehr oder weniger verhüllten Bürgerkrieg

Descriind cele mai generale faze ale dezvoltării proletariatului, am urmărit războiul civil mai mult sau mai puțin voalat

Diese Zivilgesellschaft wütet in der bestehenden Gesellschaft

Acest civil face ravagii în societatea existentă

Er wird bis zu dem Punkt wüten, an dem dieser Krieg in eine offene Revolution ausbricht

se va dezlănțui·până la punctul în care războiul va izbucni într-o revoluție deschisă

und dann legt der gewaltsame Sturz der Bourgeoisie die Grundlage für die Herrschaft des Proletariats

și apoi răsturnarea violentă a burgheziei pune bazele dominației proletariatului

Bisher beruhte jede Gesellschaftsform, wie wir bereits gesehen haben, auf dem Antagonismus unterdrückender und unterdrückter Klassen

Până acum, fiecare formă de societate s-a bazat, așa cum am văzut deja, pe antagonismul claselor opresive și oprimate

Um aber eine Klasse zu unterdrücken, müssen ihr gewisse Bedingungen zugesichert werden

Dar pentru a asupri o clasă, trebuie asigurate anumite condiții

Die Klasse muss unter Bedingungen gehalten werden, unter denen sie wenigstens ihre sklavische Existenz fortsetzen kann

clasa trebuie păstrată în condiții în care să poată, cel puțin, să-și continue existența sclavă

Der Leibeigene erhob sich in der Zeit der Leibeigenschaft zum Mitglied der Kommune

Iobagul, în perioada iobăgiei, s-a ridicat ca membru al comunei

so wie es dem Kleinbourgeoisie unter dem Joch des feudalen Absolutismus gelang, sich zur Bourgeoisie zu entwickeln

la fel cum mica burghezie, sub jugul absolutismului feudal, a reușit să se dezvolte într-o burghezie

Der moderne Arbeiter dagegen sinkt, anstatt sich mit dem Fortschritt der Industrie zu erheben, immer tiefer

Muncitorul modern, dimpotrivă, în loc să se ridice odată cu progresul industriei, se scufundă din ce în ce mai adânc

Er sinkt unter die Existenzbedingungen seiner eigenen Klasse

el se scufundă sub condițiile de existență ale propriei sale clase

Er wird ein Bettler, und der Pauperismus entwickelt sich schneller als Bevölkerung und Reichtum

El devine un sărac, iar sărăcia se dezvoltă mai repede decât populația și bogăția

Und hier zeigt sich, dass die Bourgeoisie nicht mehr geeignet ist, die herrschende Klasse in der Gesellschaft zu sein

Și aici devine evident că burghezia nu mai este potrivită pentru a fi clasa conducătoare în societate

und sie ist ungeeignet, der Gesellschaft ihre Existenzbedingungen als übergeordnetes Gesetz aufzuzwingen

și nu este potrivit să-și impună condițiile de existență asupra societății ca o lege dominantă

Sie ist unfähig zu herrschen, weil sie unfähig ist, ihrem Sklaven in seiner Sklaverei eine Existenz zu sichern

Este nepotrivit să conducă pentru că este incompetent să-i asigure o existență sclavului său în sclavia sa

denn sie kann nicht anders, als ihn in einen solchen Zustand sinken zu lassen, daß sie ihn ernähren muss, statt von ihm gefüttert zu werden

pentru că nu se poate abține să-l lase să se scufunde într-o astfel de stare, încât trebuie să-l hrănească, în loc să fie hrănit de el

Die Gesellschaft kann nicht länger unter dieser Bourgeoisie leben

Societatea nu mai poate trăi sub această burghezie

Mit anderen Worten, ihre Existenz ist nicht mehr mit der Gesellschaft vereinbar

cu alte cuvinte, existența sa nu mai este compatibilă cu societatea

Die wesentliche Bedingung für die Existenz und die Herrschaft der Bourgeoisie Klasse ist die Bildung und Vermehrung des Kapitals

Condiția esențială pentru existența și pentru dominația clasei burgheze este formarea și creșterea capitalului

Die Bedingung für das Kapital ist Lohnarbeit

Condiția capitalului este munca salariată

Die Lohnarbeit beruht ausschließlich auf der Konkurrenz zwischen den Arbeitern

Munca salariată se bazează exclusiv pe concurența dintre muncitori

Der Fortschritt der Industrie, deren unfreiwilliger Förderer die Bourgeoisie ist, tritt an die Stelle der Isolierung der Arbeiter

Înaintarea industriei, al cărei promotor involuntar este burghezia, înlocuiește izolarea muncitorilor

durch die Konkurrenz, durch ihre revolutionäre Kombination, durch die Assoziation

datorită concurenței, datorită combinației lor revoluționare, datorită asocierii

Die Entwicklung der modernen Industrie schneidet ihr die Grundlage unter den Füßen weg, auf der die Bourgeoisie Produkte produziert und sich aneignet

Dezvoltarea industriei moderne taie de sub picioarele sale
însăşi fundaţia pe care burghezia produce şi îşi însuşeşte
produsele

**Was die Bourgeoisie vor allem produziert, sind ihre eigenen
Totengräber**

Ceea ce produce burghezia, mai presus de toate, sunt proprii
săi gropari

**Der Sturz der Bourgeoisie und der Sieg des Proletariats sind
gleichermaßen unvermeidlich**

Căderea burgheziei şi victoria proletariatului sunt la fel de
inevitabile

Proletarier und Kommunisten
Proletari și comuniști

In welchem Verhältnis stehen die Kommunisten zu den Proletariern insgesamt?

În ce relație se află comuniștii cu proletarii în ansamblu?

Die Kommunisten bilden keine eigene Partei, die anderen Arbeiterparteien entgegengesetzt ist

Comuniștii nu formează un partid separat opus altor partide muncitoare

Sie haben keine Interessen, die von denen des Proletariats als Ganzes getrennt und getrennt sind

Ei nu au interese separate de cele ale proletariatului în ansamblu

Sie stellen keine eigenen sektiererischen Prinzipien auf, nach denen sie die proletarische Bewegung formen und formen könnten

Ei nu stabilesc nici un principiu sectar propriu, prin care să modeleze și să modeleze mișcarea proletară

Die Kommunisten unterscheiden sich von den anderen Arbeiterparteien nur durch zwei Dinge

Comuniștii se disting de celelalte partide muncitoare doar prin două lucruri

Erstens: Sie weisen auf die gemeinsamen Interessen des gesamten Proletariats hin und bringen sie in den Vordergrund, unabhängig von jeder Nationalität

În primul rând, ele subliniază și aduc în prim-plan interesele comune ale întregului proletariat, independent de orice naționalitate

Das tun sie in den nationalen Kämpfen der Proletarier der verschiedenen Länder

Acest lucru îl fac în luptele naționale ale proletarilor din diferite țări

Zweitens vertreten sie immer und überall die Interessen der gesamten Bewegung

În al doilea rând, ele reprezintă întotdeauna și pretutindeni interesele mișcării în ansamblu

das tun sie in den verschiedenen Entwicklungsstadien, die der Kampf der Arbeiterklasse gegen die Bourgeoisie zu durchlaufen hat

acest lucru îl fac în diferitele stadii de dezvoltare, prin care trebuie să treacă lupta clasei muncitoare împotriva burgheziei

Die Kommunisten sind also auf der einen Seite praktisch der fortschrittlichste und entschiedenste Teil der Arbeiterparteien eines jeden Landes

Prin urmare, comuniștii sunt, pe de o parte, practic, cea mai avansată și hotărâtă secțiune a partidelor muncitoare din fiecare țară

Sie sind der Teil der Arbeiterklasse, der alle anderen vorantreibt

ei sunt acea secțiune a clasei muncitoare care îi împinge înainte pe toți ceilalți

Theoretisch haben sie auch den Vorteil, dass sie die Marschlinie klar verstehen

Teoretic, au și avantajul de a înțelege clar linia de marș

Das verstehen sie besser im Vergleich zu der großen Masse des Proletariats

Acest lucru îl înțeleg mai bine în comparație cu marea masă a proletariatului

Sie verstehen die Bedingungen und die letzten allgemeinen Ergebnisse der proletarischen Bewegung

ei înțeleg condițiile și rezultatele generale finale ale mișcării proletare

Das unmittelbare Ziel des Kommunisten ist dasselbe wie das aller anderen proletarischen Parteien

Scopul imediat al comunismului este același cu cel al tuturor celorlalte partide proletare

Ihr Ziel ist die Formierung des Proletariats zu einer Klasse

scopul lor este formarea proletariatului într-o clasă

sie zielen darauf ab, die Vorherrschaft der Bourgeoisie zu stürzen

ei urmăresc să răstoarne supremația burgheziei

das Streben nach politischer Machteroberung durch das Proletariat

lupta pentru cucerirea puterii politice de către proletariat

Die theoretischen Schlußfolgerungen der Kommunisten beruhen in keiner Weise auf Ideen oder Prinzipien der Reformer

Concluziile teoretice ale comuniștilor nu se bazează în niciun fel pe idei sau principii ale reformatorilor

es waren keine Möchtegern-Universalreformer, die die theoretischen Schlussfolgerungen der Kommunisten erfunden oder entdeckt haben

nu au fost potențialii reformatori universali care au inventat sau au descoperit concluziile teoretice ale comuniștilor

Sie drücken lediglich in allgemeinen Begriffen tatsächliche Verhältnisse aus, die aus einem bestehenden Klassenkampf hervorgehen

Ele doar exprimă, în termeni generali, relații reale care izvorăsc dintr-o luptă de clasă existentă

Und sie beschreiben die historische Bewegung, die sich unter unseren Augen abspielt und die diesen Klassenkampf hervorgebracht hat

și descriu mișcarea istorică care se desfășoară sub ochii noștri și care a creat această luptă de clasă

Die Abschaffung bestehender Eigentumsverhältnisse ist keineswegs ein charakteristisches Merkmal des Kommunismus

Abolirea relațiilor de proprietate existente nu este deloc o trăsătură distinctivă a comunismului

Alle Eigentumsverhältnisse in der Vergangenheit waren einem ständigen historischen Wandel unterworfen

Toate relațiile de proprietate din trecut au fost supuse în mod continuu schimbărilor istorice

Und diese Veränderungen waren eine Folge der Veränderung der historischen Bedingungen

și aceste schimbări au fost consecințe ale schimbării condițiilor istorice

Die Französische Revolution zum Beispiel schaffte das Feudaleigentum zugunsten des Bourgeoisie Eigentums ab

Revoluția Franceză, de exemplu, a abolit proprietatea feudală în favoarea proprietății burgheze

Das Unterscheidungsmerkmal des Kommunismus ist nicht die Abschaffung des Eigentums im Allgemeinen

Trăsătura distinctivă a comunismului nu este abolirea proprietății, în general

aber das Unterscheidungsmerkmal des Kommunismus ist die Abschaffung des Bourgeoisie Eigentums

dar trăsătura distinctivă a comunismului este abolirea proprietății burgheze

Aber das Privateigentum der modernen Bourgeoisie ist der letzte und vollständigste Ausdruck des Systems der Produktion und Aneignung von Produkten

Dar proprietatea privată a burgheziei moderne este expresia finală și cea mai completă a sistemului de producție și însușire a produselor

Es ist der Endzustand eines Systems, das auf Klassengegensätzen beruht, wobei der Klassenantagonismus die Ausbeutung der Vielen durch die Wenigen ist

Este starea finală a unui sistem care se bazează pe antagonisme de clasă, în care antagonismul de clasă este exploatarea celor mulți de către puțini

In diesem Sinne läßt sich die Theorie der Kommunisten in einem einzigen Satz zusammenfassen; die Abschaffung des Privateigentums

În acest sens, teoria comuniștilor poate fi rezumată într-o singură propoziție; abolirea proprietății private

Uns Kommunisten hat man vorgeworfen, das Recht auf persönlichen Eigentumserwerb abschaffen zu wollen

Nouă, comuniștilor, ni s-a reproșat dorința de a aboli dreptul de a dobândi personal proprietatea

Es wird behauptet, dass diese Eigenschaft die Frucht der eigenen Arbeit eines Menschen ist

Se pretinde că această proprietate este rodul muncii unui om
Und diese Eigenschaft soll die Grundlage aller persönlichen Freiheit, Aktivität und Unabhängigkeit sein.
și se presupune că această proprietate este baza oricărei libertăți, activități și independențe personale.
"Hart erkämpftes, selbst erworbenes, selbst verdientes Eigentum!"
"Proprietate câștigată cu greu, auto-dobândită, câștigată de sine!"
Meinst du das Eigentum des kleinen Handwerkers und des Kleinbauern?
Te referi la proprietatea micului meșteșugar și a micului țăran?
Meinen Sie eine Form des Eigentums, die der Bourgeoisie Form vorausging?
Vrei să spui o formă de proprietate care a precedat forma burgheziei?
Es ist nicht nötig, sie abzuschaffen, die Entwicklung der Industrie hat sie zum großen Teil bereits zerstört
Nu este nevoie să abolim acest lucru, dezvoltarea industriei a distrus-o deja în mare măsură
Und die Entwicklung der Industrie zerstört sie immer noch täglich
iar dezvoltarea industriei încă o distruge zilnic
Oder meinen Sie das moderne Bourgeoisie Privateigentum?
Sau vă referiți la proprietatea privată a burgheziei moderne?
Aber schafft die Lohnarbeit irgendein Eigentum für den Arbeiter?
Dar munca salariată creează vreo proprietate pentru muncitor?
Nein, die Lohnarbeit schafft nicht ein bisschen von dieser Art von Eigentum!
Nu, munca salariată nu creează nici măcar o bucată din acest tip de proprietate!
Was Lohnarbeit schafft, ist Kapital; jene Art von Eigentum, das Lohnarbeit ausbeutet

ceea ce creează munca salariată este capitalul; acel tip de proprietate care exploatează munca salariată

Das Kapital kann sich nur unter der Bedingung vermehren, daß es ein neues Angebot an Lohnarbeit für neue Ausbeutung erzeugt

capitalul nu poate crește decât cu condiția generării unei noi oferte de muncă salariată pentru o nouă exploatare

Das Eigentum in seiner jetzigen Form beruht auf dem Antagonismus von Kapital und Lohnarbeit

Proprietatea, în forma sa actuală, se bazează pe antagonismul dintre capital și munca salariată

Betrachten wir beide Seiten dieses Antagonismus

Să examinăm ambele părți ale acestui antagonism

Kapitalist zu sein bedeutet nicht nur, einen rein persönlichen Status zu haben

A fi capitalist înseamnă a avea nu numai un statut pur personal

Stattdessen bedeutet Kapitalist zu sein auch, einen sozialen Status in der Produktion zu haben

în schimb, a fi capitalist înseamnă și a avea un statut social în producție

weil Kapital ein kollektives Produkt ist; Nur durch das gemeinsame Handeln vieler Mitglieder kann sie in Gang gesetzt werden

pentru că capitalul este un produs colectiv; Numai prin acțiunea unită a multor membri poate fi pusă în mișcare

Aber dieses gemeinsame Handeln ist der letzte Ausweg und erfordert eigentlich alle Mitglieder der Gesellschaft

Dar această acțiune unită este o ultimă soluție și necesită de fapt toți membrii societății

Das Kapital verwandelt sich in das Eigentum aller Mitglieder der Gesellschaft

Capitalul este transformat în proprietatea tuturor membrilor societății

aber das Kapital ist also keine persönliche Macht; Es ist eine gesellschaftliche Macht

dar capitalul nu este, prin urmare, o putere personală; este o putere socială

Wenn also Kapital in gesellschaftliches Eigentum umgewandelt wird, so verwandelt sich dadurch nicht persönliches Eigentum in gesellschaftliches Eigentum

Astfel, atunci când capitalul este transformat în proprietate socială, proprietatea personală nu este transformată în proprietate socială

Nur der gesellschaftliche Charakter des Eigentums wird verändert und verliert seinen Klassencharakter

Numai caracterul social al proprietății este schimbat și își pierde caracterul de clasă

Betrachten wir nun die Lohnarbeit

Să ne uităm acum la munca salariată

Der Durchschnittspreis der Lohnarbeit ist der Mindestlohn, d.h. das Quantum der Lebensmittel

Prețul mediu al muncii salariate este salariul minim, adică cuantumul mijloacelor de subzistență

Dieser Lohn ist für die bloße Existenz als Arbeiter absolut notwendig

Acest salariu este absolut necesar în existența simplă ca muncitor

Was sich also der Lohnarbeiter durch seine Arbeit aneignet, genügt nur, um ein bloßes Dasein zu verlängern und zu reproduzieren

Prin urmare, ceea ce muncitorul salariat își însușește prin munca sa, este suficient doar pentru a prelungi și a reproduce o existență goală

Wir beabsichtigen keineswegs, diese persönliche Aneignung der Arbeitsprodukte abzuschaffen

Nu intenționăm în niciun caz să abolim această însușire personală a produselor muncii

eine Aneignung, die für die Erhaltung und Reproduktion des menschlichen Lebens bestimmt ist

o însușire care este făcută pentru menținerea și reproducerea vieții umane

Eine solche persönliche Aneignung der Arbeitsprodukte
lässt keinen Überschuss übrig, mit dem man die Arbeit
anderer befehlen könnte

O astfel de însușire personală a produselor muncii nu lasă
surplus cu care să comande munca altora

Alles, was wir beseitigen wollen, ist der erbärmliche
Charakter dieser Aneignung

Tot ceea ce vrem să eliminăm este caracterul mizerabil al
acestei însușiri

die Aneignung, unter der der Arbeiter lebt, bloß um das
Kapital zu vermehren

însușirea sub care muncitorul trăiește doar pentru a crește
capitalul

Er darf nur leben, soweit es das Interesse der herrschenden
Klasse erfordert

i se permite să trăiască numai în măsura în care interesul clasei
conducătoare o cere

In der Bourgeoisie Gesellschaft ist die lebendige Arbeit nur
ein Mittel, um die akkumulierte Arbeit zu vermehren

În societatea burgheză, munca vie nu este decât un mijloc de a
crește forța de muncă acumulată

In der kommunistischen Gesellschaft ist die akkumulierte
Arbeit nur ein Mittel, um die Existenz des Arbeiters zu
erweitern, zu bereichern und zu fördern

În societatea comunistă, munca acumulată nu este decât un
mijloc de lărgire, de îmbogățire, de promovare a existenței
muncitorului

In der Bourgeoisie Gesellschaft dominiert daher die
Vergangenheit die Gegenwart

Prin urmare, în societatea burgheză, trecutul domină
prezentul

In der kommunistischen Gesellschaft dominiert die
Gegenwart die Vergangenheit

în societatea comunistă, prezentul domină trecutul

In der Bourgeoisie Gesellschaft ist das Kapital unabhängig
und hat Individualität

În societatea burgheză capitalul este independent și are individualitate

In der Bourgeoisie Gesellschaft ist der lebende Mensch abhängig und hat keine Individualität

În societatea burgheză persoana vie este dependentă și nu are individualitate

Und die Abschaffung dieses Zustandes wird von der Bourgeoisie als Abschaffung der Individualität und Freiheit bezeichnet!

Iar abolirea acestei stări de lucruri este numită de burghezie abolirea individualității și a libertății!

Und man nennt sie mit Recht die Abschaffung von Individualität und Freiheit!

Și se numește pe bună dreptate abolirea individualității și a libertății!

Der Kommunismus strebt die Abschaffung der Bourgeoisie Individualität an

Comunismul urmărește abolirea individualității burgheziei

Der Kommunismus strebt die Abschaffung der Unabhängigkeit der Bourgeoisie an

Comunismul intenționează abolirea independenței burgheziei

Die BourgeoisieFreiheit ist zweifellos das, was der Kommunismus anstrebt

Libertatea burgheziei este, fără îndoială, ceea ce urmărește comunismul

unter den gegenwärtigen Bourgeoisie Produktionsbedingungen bedeutet Freiheit freien Handel, freien Verkauf und freien Kauf

în condițiile actuale de producție ale burgheziei, libertatea înseamnă comerț liber, vânzare și cumpărare liberă

Aber wenn das Verkaufen und Kaufen verschwindet, verschwindet auch das freie Verkaufen und Kaufen

Dar dacă vânzarea și cumpărarea dispar, dispar și vânzarea și cumpărarea gratuită

"Mutige Worte" der Bourgeoisie über den freien Verkauf und Kauf haben nur eine begrenzte Bedeutung

"cuvintele curajoase" ale burgheziei despre vânzarea și cumpărarea liberă au doar un sens limitat

Diese Worte haben nur im Gegensatz zu eingeschränktem Verkauf und Kauf eine Bedeutung

Aceste cuvinte au sens doar în contrast cu vânzarea și cumpărarea restricționată

und diese Worte haben nur dann eine Bedeutung, wenn sie auf die gefesselten Händler des Mittelalters angewandt werden

și aceste cuvinte au sens numai atunci când sunt aplicate comercianților înlănțuiți din Evul Mediu

und das setzt voraus, dass diese Worte überhaupt eine Bedeutung im Bourgeoisie Sinne haben

și asta presupune că aceste cuvinte au chiar sens într-un sens burghez

aber diese Worte haben keine Bedeutung, wenn sie gebraucht werden, um sich gegen die kommunistische Abschaffung des Kaufens und Verkaufens zu wehren

dar aceste cuvinte nu au nici un sens atunci când sunt folosite pentru a se opune abolirii comuniste a cumpărării și vânzării

die Worte haben keine Bedeutung, wenn sie gebraucht werden, um sich gegen die Abschaffung der Bourgeoisie Produktionsbedingungen zu wehren

cuvintele nu au nici un sens atunci când sunt folosite pentru a se opune abolirii condițiilor de producție ale burgheziei

und sie haben keine Bedeutung, wenn sie benutzt werden, um sich gegen die Abschaffung der Bourgeoisie selbst zu wehren

și nu au nici un sens atunci când sunt folosite pentru a se opune desființării burgheziei însăși

Sie sind entsetzt über unsere Absicht, das Privateigentum abzuschaffen

Ești îngrozit de intenția noastră de a elimina proprietatea privată

Aber in eurer jetzigen Gesellschaft ist das Privateigentum für neun Zehntel der Bevölkerung bereits abgeschafft

Dar în societatea voastră actuală, proprietatea privată este deja
eliminată pentru nouă zecimi din populație

**Die Existenz des Privateigentums für einige wenige beruht
einzig und allein darauf, dass es in den Händen von neun
Zehnteln der Bevölkerung nicht existiert**

Existența proprietății private pentru cei puțini se datorează
exclusiv inexistenței sale în mâinile a nouă zecimi din
populație

**Sie werfen uns also vor, daß wir eine Form des Eigentums
abschaffen wollen**

Prin urmare, ne reproșați că intenționăm să eliminăm o formă
de proprietate

**Aber das Privateigentum erfordert für die ungeheure
Mehrheit der Gesellschaft die Nichtexistenz jeglichen
Eigentums**

dar proprietatea privată necesită inexistența oricărei
proprietăți pentru imensa majoritate a societății

**Mit einem Wort, Sie werfen uns vor, daß wir Ihr Eigentum
beseitigen wollen**

Într-un cuvânt, ne reproșați intenția de a vă înlătura
proprietatea

**Und genau so ist es; Ihr Eigentum abzuschaffen, ist genau
das, was wir beabsichtigen**

Și este exact așa; eliminarea proprietății dumneavoastră este
exact ceea ce intenționăm

**Von dem Augenblick an, wo die Arbeit nicht mehr in
Kapital, Geld oder Rente verwandelt werden kann**

Din momentul în care munca nu mai poate fi convertită în
capital, bani sau rentă

**wenn die Arbeit nicht mehr in eine gesellschaftliche Macht
umgewandelt werden kann, die monopolisiert werden kann**

când munca nu va mai putea fi transformată într-o putere
socială care poate fi monopolizată

**von dem Augenblick an, wo das individuelle Eigentum
nicht mehr in Bourgeoisie Eigentum verwandelt werden
kann**

din momentul în care proprietatea individuală nu mai poate fi
transformată în proprietate burgheză
**von dem Augenblick an, wo das individuelle Eigentum
nicht mehr in Kapital verwandelt werden kann**
din momentul în care proprietatea individuală nu mai poate fi
transformată în capital
**Von diesem Moment an sagst du, dass die Individualität
verschwindet**
din acel moment, spui că individualitatea dispare
**Sie müssen also gestehen, daß Sie mit »Individuum« keine
andere Person meinen als die Bourgeoisie**
Prin urmare, trebuie să mărturisești că prin "individ" nu
înțelegi altă persoană decât burghezia
**Sie müssen zugeben, dass es sich speziell auf den
Bourgeoisie Eigentümer von Immobilien bezieht**
Trebuie să mărturisești că se referă în mod specific la
proprietarul proprietății din clasa de mijloc
**Diese Person muss in der Tat aus dem Weg geräumt und
unmöglich gemacht werden**
Această persoană trebuie, într-adevăr, să fie măturată din cale
și făcută imposibilă
**Der Kommunismus beraubt niemanden der Macht, sich die
Produkte der Gesellschaft anzueignen**
Comunismul nu privează pe nimeni de puterea de a-și însuși
produsele societății
**Alles, was der Kommunismus tut, ist, ihm die Macht zu
nehmen, die Arbeit anderer durch eine solche Aneignung zu
unterjochen**
tot ceea ce face comunismul este să-l priveze de puterea de a
subjuga munca altora prin intermediul unei astfel de însușiri
**Man hat eingewendet, daß mit der Abschaffung des
Privateigentums alle Arbeit aufhören werde**
S-a obiectat că, odată cu abolirea proprietății private, toate
lucrările vor înceta
**Und dann wird suggeriert, dass uns die universelle Faulheit
überwältigen wird**

și apoi se sugerează că lenea universală ne va cuprinde

Demnach hätte die BourgeoisieGesellschaft schon längst vor lauter Müßiggang vor die Hunde gehen müssen

Conform acestui lucru, societatea burgheză ar fi trebuit să meargă cu mult timp în urmă la câini prin pură lenevie

denn diejenigen ihrer Mitglieder, die arbeiten, erwerben nichts

pentru că aceia dintre membrii săi care muncesc, nu dobândesc nimic

und diejenigen von ihren Mitgliedern, die etwas erwerben, arbeiten nicht

iar aceia dintre membrii săi care dobândesc ceva, nu muncesc

Der ganze Einwand ist nur ein weiterer Ausdruck der Tautologie

Întreaga obiecție nu este decât o altă expresie a tautologiei

Es kann keine Lohnarbeit mehr geben, wenn es kein Kapital mehr gibt

Nu mai poate exista muncă salariată când nu mai există capital

Es gibt keinen Unterschied zwischen materiellen und mentalen Produkten

Nu există nicio diferență între produsele materiale și produsele mentale

Der Kommunismus schlägt vor, dass beides auf die gleiche Weise produziert wird

Comunismul propune ca ambele sa fie produse in acelasi mod

aber die Einwände gegen die kommunistischen Produktionsweisen sind dieselben

dar obiecțiile împotriva modurilor comuniste de a le produce sunt aceleași

Für die Bourgeoisie ist das Verschwinden des Klasseneigentums das Verschwinden der Produktion selbst

pentru burghezie, dispariția proprietății de clasă este dispariția producției însăși

So ist für ihn das Verschwinden der Klassenkultur identisch mit dem Verschwinden aller Kultur

deci dispariția culturii de clasă este pentru el identică cu
dispariția întregii culturi

**Diese Kultur, deren Verlust er beklagt, ist für die
überwiegende Mehrheit ein bloßes Training, um als
Maschine zu agieren**

Această cultură, a cărei pierdere deplânge el, este pentru
marea majoritate o simplă pregătire pentru a acționa ca o
mașină

**Die Kommunisten haben die Absicht, die Kultur des
Bourgeoisie Eigentums abzuschaffen**

Comuniștii intenționează foarte mult să abolească cultura
proprietății burgheze

**Aber zankt euch nicht mit uns, solange ihr den Maßstab
eurer Bourgeoisie Vorstellungen von Freiheit, Kultur, Recht
usw. anlegt**

Dar nu vă certați cu noi atâta timp cât aplicați standardul
noțiunilor burgheze de libertate, cultură, lege etc

**Eure Ideen selbst sind nur die Auswüchse der Bedingungen
eurer Bourgeoisie Produktion und eures Bourgeoisie
Eigentums**

Ideile tale nu sunt decât consecințele condițiilor producției
burgheze și a proprietății burgheziei

**so wie eure Jurisprudenz nichts anderes ist als der Wille
eurer Klasse, der zum Gesetz für alle gemacht wurde**

la fel cum jurisprudența voastră nu este decât voința clasei
voastre transformată într-o lege pentru toți

**Der wesentliche Charakter und die Richtung dieses Willens
werden durch die ökonomischen Bedingungen bestimmt,
die Ihre soziale Klasse schafft**

caracterul esențial și direcția acestei voințe sunt determinate
de condițiile economice create de clasa socială

**Der selbstsüchtige Irrtum, der dich veranlaßt, soziale
Formen in ewige Gesetze der Natur und der Vernunft zu
verwandeln**

Concepția greșită egoistă care te determină să transformi
formele sociale în legi eterne ale naturii și rațiunii

die gesellschaftlichen Formen, die aus eurer gegenwärtigen Produktionsweise und Eigentumsform entspringen

formele sociale care izvorăsc din modul vostru actual de producție și forma de proprietate

historische Beziehungen, die im Fortschritt der Produktion auf- und verschwinden

relații istorice care cresc și dispar în progresul producției

Dieses Missverständnis teilt ihr mit jeder herrschenden Klasse, die euch vorausgegangen ist

Această concepție greșită o împărtășiți cu fiecare clasă conducătoare care v-a precedat

Was Sie bei antikem Eigentum klar sehen, was Sie bei feudalem Eigentum zugeben

Ceea ce vedeți clar în cazul proprietății antice, ceea ce admiteți în cazul proprietății feudale

diese Dinge dürfen Sie natürlich nicht zugeben, wenn es sich um Ihre eigene BourgeoisieEigentumsform handelt

aceste lucruri sunteți, desigur, interzis să le admiteți în cazul propriei forme de proprietate burgheză

Abschaffung der Familie! Selbst die Radikalsten entrüsten sich über diesen infamen Vorschlag der Kommunisten

Abolirea familiei! Chiar și cei mai radicali se aprind la această propunere infamă a comuniștilor

Auf welcher Grundlage beruht die heutige Familie, die BourgeoisieFamilie?

Pe ce temelie se bazează familia actuală, familia burgheziei?

Die Gründung der heutigen Familie beruht auf Kapital und privatem Gewinn

Fondarea familiei actuale se bazează pe capital și câștig privat

In ihrer voll entwickelten Form existiert diese Familie nur unter der Bourgeoisie

În forma sa complet dezvoltată, această familie există doar în rândul burgheziei

Dieser Zustand der Dinge findet seine Ergänzung in der praktischen Abwesenheit der Familie bei den Proletariern

Această stare de lucruri își găsește completarea în absența practică a familiei în rândul proletarilor

Dieser Zustand ist in der öffentlichen Prostitution zu finden

Această stare de lucruri poate fi găsită în prostituția publică

Die BourgeoisieFamilie wird wie selbstverständlich verschwinden, wenn ihr Komplement verschwindet

Familia burgheză va dispărea de la sine înțeles atunci când complementul său va dispărea

Und beides wird mit dem Verschwinden des Kapitals verschwinden

și ambele vor dispărea odată cu dispariția capitalului

Werfen Sie uns vor, dass wir die Ausbeutung von Kindern durch ihre Eltern stoppen wollen?

Ne acuzați că vrem să oprim exploatarea copiilor de către părinții lor?

Diesem Verbrechen bekennen wir uns schuldig

Pentru această crimă pledăm vinovați

Aber, werden Sie sagen, wir zerstören die heiligsten Beziehungen, wenn wir die häusliche Erziehung durch die soziale Erziehung ersetzen

Dar, veți spune, distrugem cele mai sfinte relații, atunci când înlocuim educația de acasă cu educația socială

Ist Ihre Erziehung nicht auch sozial? Und wird sie nicht von den gesellschaftlichen Bedingungen bestimmt, unter denen man erzieht?

Educația ta nu este și socială? Și nu este determinată de condițiile sociale în care educați?

durch direkte oder indirekte Eingriffe in die Gesellschaft, durch Schulen usw.

prin intervenția, directă sau indirectă, a societății, prin intermediul școlilor etc.

Die Kommunisten haben die Einmischung der Gesellschaft in die Erziehung nicht erfunden

Comuniștii nu au inventat intervenția societății în educație

Sie versuchen lediglich, den Charakter dieses Eingriffs zu ändern

ei nu fac decât să încerce să modifice caracterul acelei
intervenții

**Und sie versuchen, das Bildungswesen vor dem Einfluss der
herrschenden Klasse zu retten**

şi caută să salveze educaţia de influenţa clasei conducătoare

**Die Bourgeoisie spricht von der geheiligten Beziehung von
Eltern und Kind**

Burghezia vorbeşte despre co-relaţia sfinţită dintre părinte şi
copil

**aber dieses Geschwätz über die Familie und die Erziehung
wird um so widerwärtiger, wenn wir die moderne Industrie
betrachten**

dar această capcană despre familie şi educaţie devine cu atât
mai dezgustătoare când ne uităm la industria modernă

**Alle Familienbande unter den Proletariern werden durch die
moderne Industrie zerrissen**

Toate legăturile de familie dintre proletari sunt sfâşiate de
industria modernă

**ihre Kinder werden zu einfachen Handelsartikeln und
Arbeitsinstrumenten**

copiii lor sunt transformaţi în simple articole de comerţ şi
instrumente de muncă

**Aber ihr Kommunisten würdet eine Gemeinschaft von
Frauen schaffen, schreit die ganze Bourgeoisie im Chor**

Dar voi, comuniştii, aţi crea o comunitate de femei, strigă în
cor întreaga burghezie

**Die Bourgeoisie sieht in seiner Frau ein bloßes
Produktionsinstrument**

Burghezia vede în soţia sa un simplu instrument de producţie

**Er hört, dass die Produktionsmittel von allen ausgebeutet
werden sollen**

El aude că instrumentele de producţie trebuie exploatate de
toţi

**Und natürlich kann er zu keinem anderen Schluß kommen,
als daß das Los, allen gemeinsam zu sein, auch den Frauen
zufallen wird**

şi, fireşte, nu poate ajunge la altă concluzie decât că soarta de a fi comună tuturor va cădea şi femeilor

Er hat nicht einmal den geringsten Verdacht, dass es in Wirklichkeit darum geht, die Stellung der Frau als bloße Produktionsinstrumente abzuschaffen

El nu are nici măcar o bănuială că adevăratul scop este eliminarea statutului femeilor ca simple instrumente de producţie

Im übrigen ist nichts lächerlicher als die tugendhafte Empörung unserer Bourgeoisie über die Gemeinschaft der Frauen

În rest, nimic nu este mai ridicol decât indignarea virtuoasă a burgheziei noastre faţă de comunitatea femeilor

sie tun so, als ob sie von den Kommunisten offen und offiziell eingeführt werden sollte

ei pretind că va fi înfiinţat în mod deschis şi oficial de comunişti

Die Kommunisten haben es nicht nötig, die Gemeinschaft der Frauen einzuführen, sie existiert fast seit undenklichen Zeiten

Comuniştii nu au nevoie să introducă comunitatea femeilor, aceasta există aproape din timpuri imemoriale

Unsere Bourgeoisie begnügt sich nicht damit, die Frauen und Töchter ihrer Proletarier zur Verfügung zu haben

Burghezia noastră nu se mulţumeşte să aibă la dispoziţie soţiile şi fiicele proletarilor lor

Sie haben das größte Vergnügen daran, ihre Frauen gegenseitig zu verführen

Ei au cea mai mare plăcere în a-şi seduce soţiile unul altuia

Und das ist noch nicht einmal von gewöhnlichen Prostituierten zu sprechen

şi asta ca să nu mai vorbim de prostituatele obişnuite

Die BourgeoisieEhe ist in Wirklichkeit ein System gemeinsamer Ehefrauen

Căsătoria burgheză este în realitate un sistem de soţii în comun

dann gibt es eine Sache, die man den Kommunisten vielleicht vorwerfen könnte

atunci există un lucru cu care comuniștilor li s-ar putea reproșa

Sie wollen eine offen legalisierte Gemeinschaft von Frauen einführen

doresc să introducă o comunitate de femei legalizată în mod deschis

statt einer heuchlerisch verhüllten Gemeinschaft von Frauen

mai degrabă decât o comunitate de femei ascunsă ipocrit

Die Gemeinschaft der Frauen, die aus dem Produktionssystem hervorgegangen ist

comunitatea femeilor izvorâte din sistemul de producție

Schafft das Produktionssystem ab, und ihr schafft die Gemeinschaft der Frauen ab

desființează sistemul de producție și desființezi comunitatea femeilor

Sowohl die öffentliche Prostitution als auch die private Prostitution wird abgeschafft

atât prostituția publică este abolită, cât și prostituția privată

Den Kommunisten wird noch dazu vorgeworfen, sie wollten Länder und Nationalitäten abschaffen

Comuniștilor li se reproșează și mai mult dorința de a desființa țările și naționalitățile

Die Arbeiter haben kein Vaterland, also können wir ihnen nicht nehmen, was sie nicht haben

Muncitorii nu au țară, așa că nu putem lua de la ei ceea ce nu au

Das Proletariat muss vor allem die politische Herrschaft erlangen

proletariatul trebuie mai întâi de toate să dobândească supremația politică

Das Proletariat muss sich zur führenden Klasse der Nation erheben

proletariatul trebuie să se ridice pentru a fi clasa conducătoare a națiunii

Das Proletariat muss sich zur Nation konstituieren
proletariatul trebuie să se constituie el însuși națiunea
sie ist bis jetzt selbst national, wenn auch nicht im Bourgeoisie Sinne des Wortes
este, până acum, ea însăși națională, deși nu în sensul burghez al cuvântului
Nationale Unterschiede und Gegensätze zwischen den Völkern verschwinden täglich mehr und mehr
Diferențele naționale și antagonismele dintre popoare dispar din ce în ce mai mult
der Entwicklung der Bourgeoisie, der Freiheit des Handels, des Weltmarktes
datorită dezvoltării burgheziei, libertății comerțului, pieței mondiale
zur Gleichförmigkeit der Produktionsweise und der ihr entsprechenden Lebensbedingungen
la uniformitatea modului de producție și a condițiilor de viață corespunzătoare acestuia
Die Herrschaft des Proletariats wird sie noch schneller verschwinden lassen
Supremația proletariatului îi va face să dispară și mai repede
Die einheitliche Aktion, wenigstens der führenden zivilisierten Länder, ist eine der ersten Bedingungen für die Befreiung des Proletariats
Acțiunea unită, cel puțin a țărilor civilizate conducătoare, este una dintre primele condiții pentru emanciparea proletariatului
In dem Maße, wie der Ausbeutung eines Individuums durch ein anderes ein Ende gesetzt wird, wird auch der Ausbeutung einer Nation durch eine andere ein Ende gesetzt.
În măsura în care se pune capăt exploatării unui individ de către altul, exploatarea unei națiuni de către o altă națiune va înceta, de asemenea,
In dem Maße, wie der Antagonismus zwischen den Klassen innerhalb der Nation verschwindet, wird die Feindschaft einer Nation gegen die andere ein Ende haben

În măsura în care antagonismul dintre clasele din cadrul națiunii dispare, ostilitatea unei națiuni față de alta va lua sfârșit

Die Anschuldigungen gegen den Kommunismus, die von einem religiösen, philosophischen und allgemein von einem ideologischen Standpunkt aus erhoben werden, verdienen keine ernsthafte Prüfung

Acuzațiile împotriva comunismului făcute dintr-un punct de vedere religios, filozofic și, în general, ideologic, nu merită o examinare serioasă

Braucht es eine tiefe Intuition, um zu begreifen, dass sich die Ideen, Ansichten und Vorstellungen des Menschen mit jeder Veränderung der Bedingungen seiner materiellen Existenz ändern?

Este nevoie de o intuiție profundă pentru a înțelege că ideile, vederile și concepțiile omului se schimbă cu fiecare schimbare a condițiilor existenței sale materiale?

Ist es nicht offensichtlich, dass das Bewusstsein des Menschen sich Verändert, wenn seine sozialen Beziehungen und sein soziales Leben ändern?

Nu este evident că conștiința omului se schimbă atunci când relațiile sale sociale și viața sa socială se schimbă?

Was beweist die Ideengeschichte anderes, als daß die geistige Produktion ihren Charakter in dem Maße ändert, wie die materielle Produktion verändert wird?

Ce altceva dovedește istoria ideilor, decât că producția intelectuală își schimbă caracterul în măsura în care se schimbă producția materială?

Die herrschenden Ideen eines jeden Zeitalters waren immer die Ideen seiner herrschenden Klasse

Ideile dominante ale fiecărei epoci au fost întotdeauna ideile clasei sale conducătoare

Wenn Menschen von Ideen sprechen, die die Gesellschaft revolutionieren, drücken sie nur eine Tatsache aus

Când oamenii vorbesc despre idei care revoluționează societatea, ei nu fac decât să exprime un fapt

Innerhalb der alten Gesellschaft wurden die Elemente einer neuen geschaffen

În cadrul vechii societăți, au fost create elementele uneia noi

und daß die Auflösung der alten Ideen mit der Auflösung der alten Daseinsverhältnisse Schritt hält

și că dizolvarea vechilor idei ține pasul cu dizolvarea vechilor condiții de existență

Als die Antike in den letzten Zügen lag, wurden die alten Religionen vom Christentum überwunden

Când lumea antică era în ultimele chinuri, religiile antice au fost învinse de creștinism

Als die christlichen Ideen im 18. Jahrhundert den rationalistischen Ideen erlagen, kämpfte die feudale Gesellschaft ihren Todeskampf mit der damals revolutionären Bourgeoisie

Când ideile creștine au cedat în secolul al XVIII-lea în fața ideilor raționaliste, societatea feudală a dus lupta mortală cu burghezia revoluționară de atunci

Die Ideen der Religions- und Gewissensfreiheit brachten lediglich die Herrschaft des freien Wettbewerbs auf dem Gebiet des Wissens zum Ausdruck

Ideile de libertate religioasă și libertate de conștiință nu au făcut decât să exprime influența liberei concurențe în domeniul cunoașterii

"Zweifellos", wird man sagen, "sind religiöse, moralische, philosophische und juristische Ideen im Laufe der geschichtlichen Entwicklung modifiziert worden"

"Fără îndoială", se va spune, "ideile religioase, morale, filozofice și juridice au fost modificate în cursul dezvoltării istorice"

"Aber Religion, Moralphilosophie, Politikwissenschaft und Recht überlebten diesen Wandel ständig."

"Dar religia, moralitatea, filozofia, științele politice și dreptul au supraviețuit în mod constant acestei schimbări"

"Es gibt auch ewige Wahrheiten, wie Freiheit, Gerechtigkeit usw."

"Există şi adevăruri eterne, cum ar fi libertatea, dreptatea etc."
"Diese ewigen Wahrheiten sind allen Zuständen der Gesellschaft gemeinsam"
"Aceste adevăruri eterne sunt comune tuturor stărilor societăţii"
"Aber der Kommunismus schafft die ewigen Wahrheiten ab, er schafft alle Religion und alle Moral ab."
"Dar comunismul desfiinţează adevărurile eterne, desfiinţează orice religie şi orice moralitate"
"Sie tut dies, anstatt sie auf einer neuen Grundlage zu konstituieren"
"Face asta în loc să le constituie pe o bază nouă"
"Sie handelt daher im Widerspruch zu allen bisherigen historischen Erfahrungen"
"Prin urmare, acţionează în contradicţie cu toată experienţa istorică trecută"
Worauf reduziert sich dieser Vorwurf?
La ce se reduce această acuzaţie?
Die Geschichte aller vergangenen Gesellschaften hat in der Entwicklung von Klassengegensätzen bestanden
Istoria întregii societăţi trecute a constat în dezvoltarea antagonismelor de clasă
Antagonismen, die in verschiedenen Epochen unterschiedliche Formen annahmen
antagonisme care au luat forme diferite în diferite epoci
Aber welche Form sie auch immer angenommen haben mögen, eine Tatsache ist allen vergangenen Zeitaltern gemeinsam
Dar oricare ar fi forma pe care au luat-o, un fapt este comun tuturor epocilor trecute
die Ausbeutung eines Teils der Gesellschaft durch den anderen
exploatarea unei părţi a societăţii de către cealaltă
Kein Wunder also, dass sich das gesellschaftliche Bewußtsein vergangener Zeiten innerhalb gewisser allgemeiner Formen oder allgemeiner Vorstellungen bewegt

Nu este de mirare, atunci, că conştiinţa socială a epocii trecute
se mişcă în anumite forme comune sau idei generale
(und das trotz aller Vielfalt und Vielfalt, die es zeigt)
(şi asta în ciuda multiplicităţii şi varietăţii pe care o afişează)
**Und diese können nur mit dem gänzlichen Verschwinden
der Klassengegensätze völlig verschwinden**
şi acestea nu pot dispărea complet decât odată cu dispariţia
totală a antagonismelor de clasă
**Die kommunistische Revolution ist der radikalste Bruch mit
den traditionellen Eigentumsverhältnissen**
Revoluţia comunistă este cea mai radicală ruptură cu relaţiile
tradiţionale de proprietate
**Kein Wunder, dass ihre Entwicklung den radikalsten Bruch
mit den traditionellen Vorstellungen mit sich bringt**
Nu este de mirare că dezvoltarea sa implică cea mai radicală
ruptură cu ideile tradiţionale
**Aber lassen wir die Einwände der Bourgeoisie gegen den
Kommunismus hinter uns**
Dar să terminăm cu obiecţiile burgheziei faţă de comunism
**Wir haben oben den ersten Schritt der Arbeiterklasse in der
Revolution gesehen**
Am văzut mai sus primul pas în revoluţia clasei muncitoare
**Das Proletariat muss zur Herrschaft erhoben werden, um
den Kampf der Demokratie zu gewinnen**
proletariatul trebuie să fie ridicat la poziţia de conducere,
pentru a câştiga bătălia democraţiei
**Das Proletariat wird seine politische Vorherrschaft
benutzen, um der Bourgeoisie nach und nach alles Kapital
zu entreißen**
Proletariatul îşi va folosi supremaţia politică pentru a smulge,
treptat, tot capitalul de la burghezie
**sie wird alle Produktionsmittel in den Händen des Staates
zentralisieren**
va centraliza toate instrumentele de producţie în mâinile
statului

Mit anderen Worten, das Proletariat organisierte sich als herrschende Klasse

cu alte cuvinte, proletariatul organizat ca clasă conducătoare

Und sie wird die Summe der Produktivkräfte so schnell wie möglich vermehren

și va crește totalul forțelor de producție cât mai repede posibil

Natürlich kann dies anfangs nur durch despotische Eingriffe in die Eigentumsrechte geschehen

Desigur, la început, acest lucru nu poate fi realizat decât prin intermediul incursiunilor despotice asupra drepturilor de proprietate

und sie muss unter den Bedingungen der Bourgeoisie Produktion erreicht werden

și trebuie să fie realizat în condițiile producției burgheze

Sie wird also durch Maßnahmen erreicht, die wirtschaftlich unzureichend und unhaltbar erscheinen

prin urmare, se realizează prin intermediul unor măsuri care par insuficiente din punct de vedere economic și nesustenabile

aber diese Mittel überflügeln sich im Laufe der Bewegung selbst

dar aceste mijloace, în cursul mișcării, se depășesc

sie erfordern weitere Eingriffe in die alte Gesellschaftsordnung

ele necesită noi incursiuni în vechea ordine socială

und sie sind unvermeidlich, um die Produktionsweise völlig zu revolutionieren

și sunt inevitabile ca mijloc de revoluționare completă a modului de producție

Diese Maßnahmen werden natürlich in den verschiedenen Ländern unterschiedlich sein

Aceste măsuri vor fi, desigur, diferite în diferite țări

Nichtsdestotrotz wird in den am weitesten fortgeschrittenen Ländern das Folgende ziemlich allgemein anwendbar sein

Cu toate acestea, în cele mai avansate țări, următoarele vor fi destul de general aplicabile

1. Abschaffung des Grundeigentums und Verwendung aller Grundrenten für öffentliche Zwecke.

1. Abolirea proprietăţii asupra terenurilor şi aplicarea tuturor chiriilor de pământ în scopuri publice.

2. Eine hohe progressive oder abgestufte Einkommensteuer.

2. Un impozit pe venit progresiv sau progresiv puternic.

3. Abschaffung jeglichen Erbrechts.

3. Abolirea oricărui drept de moştenire.

4. Konfiskation des Eigentums aller Emigranten und Rebellen.

4. Confiscarea proprietăţilor tuturor emigranţilor şi rebelilor.

5. Zentralisierung des Kredits in den Händen des Staates durch eine Nationalbank mit staatlichem Kapital und ausschließlichem Monopol.

5. Centralizarea creditului în mâinile statului, prin intermediul unei bănci naţionale cu capital de stat şi monopol exclusiv.

6. Zentralisierung der Kommunikations- und Transportmittel in den Händen des Staates.

6. Centralizarea mijloacelor de comunicare şi transport în mâinile statului.

7. Ausbau der Fabriken und Produktionsmittel im Eigentum des Staates

7. Extinderea fabricilor şi instrumentelor de producţie deţinute de stat

die Kultivierung von Ödland und die Verbesserung des Bodens überhaupt nach einem gemeinsamen Plan.

aducerea în cultivare a terenurilor pustii şi îmbunătăţirea solului în general în conformitate cu un plan comun.

8. Gleiche Haftung aller für die Arbeit

8. Răspunderea egală a tuturor faţă de muncă

Aufbau von Industriearmeen, vor allem für die Landwirtschaft.

Înfiinţarea de armate industriale, în special pentru agricultură.

9. Kombination der Landwirtschaft mit dem verarbeitenden Gewerbe

9. Combinarea agriculturii cu industriile prelucrătoare

allmähliche Aufhebung der Unterscheidung zwischen Stadt und Land durch eine gleichmäßigere Verteilung der Bevölkerung über das Land.

abolirea treptată a distincției dintre oraș și țară, printr-o distribuție mai echitabilă a populației în țară.

10. Kostenlose Bildung für alle Kinder in öffentlichen Schulen.

10. Educație gratuită pentru toți copiii din școlile publice.

Abschaffung der Kinderfabrikarbeit in ihrer jetzigen Form

Abolirea muncii copiilor în fabrici în forma sa actuală

Kombination von Bildung und industrieller Produktion

Combinarea educației cu producția industrială

Wenn im Laufe der Entwicklung die Klassenunterschiede verschwunden sind

Când, în cursul dezvoltării, distincțiile de clasă au dispărut

und wenn die ganze Produktion in den Händen einer ungeheuren Assoziation der ganzen Nation konzentriert ist

și când toată producția a fost concentrată în mâinile unei vaste asociații a întregii națiuni

dann verliert die Staatsgewalt ihren politischen Charakter

atunci puterea publică își va pierde caracterul politic

Politische Macht, eigentlich so genannt, ist nichts anderes als die organisierte Macht einer Klasse, um eine andere zu unterdrücken

Puterea politică, propriu-zisă așa, este doar puterea organizată a unei clase pentru a asupri pe alta

Wenn das Proletariat in seinem Kampf mit der Bourgeoisie durch die Gewalt der Umstände gezwungen ist, sich als Klasse zu organisieren

Dacă proletariatul în timpul luptei sale cu burghezia este obligat, prin forța împrejurărilor, să se organizeze ca clasă

wenn sie sich durch eine Revolution zur herrschenden Klasse macht

dacă, prin intermediul unei revoluții, se face clasa conducătoare

und als solche fegt sie mit Gewalt die alten Produktionsbedingungen hinweg

şi, ca atare, mătură cu forţa vechile condiţii de producţie

dann wird sie mit diesen Bedingungen auch die Bedingungen für die Existenz der Klassengegensätze und der Klassen überhaupt hinweggefegt haben

atunci, împreună cu aceste condiţii, va fi măturat condiţiile existenţei antagonismelor de clasă şi a claselor în general

und wird damit seine eigene Vorherrschaft als Klasse aufgehoben haben.

şi astfel şi-ar fi abolit propria supremaţie ca clasă.

An die Stelle der alten Bourgeoisie Gesellschaft mit ihren Klassen und Klassengegensätzen treten eine Assoziation

În locul vechii societăţi burgheze, cu clasele şi antagonismele ei de clasă, vom avea o asociaţie

eine Assoziation, in der die freie Entwicklung eines jeden die Bedingung für die freie Entwicklung aller ist

o asociaţie în care libera dezvoltare a fiecăruia este condiţia pentru libera dezvoltare a tuturor

1) Reaktionärer Sozialismus
1) Socialismul reacționar

a) Feudaler Sozialismus
a) Socialismul feudal

die Aristokratien Frankreichs und Englands hatten eine einzigartige historische Stellung
aristocrațiile din Franța și Anglia au avut o poziție istorică unică

es wurde zu ihrer Berufung, Pamphlete gegen die moderne Boureoisie Gesellschaft zu schreiben
a devenit vocația lor să scrie pamflete împotriva societății burgheze moderne

In der französischen Revolution vom Juli 1830 und in der englischen Reformagitation
În revoluția franceză din iulie 1830 și în agitația reformei engleze

Diese Aristokratien erlagen wieder dem hasserfüllten Emporkömmling
Aceste aristocrații au cedat din nou în fața urâtului parvenit

An eine ernsthafte politische Auseinandersetzung war fortan nicht mehr zu denken
De atunci, o competiție politică serioasă a fost cu totul exclusă

Alles, was möglich blieb, war eine literarische Schlacht, keine wirkliche Schlacht
Tot ce a mai rămas posibil a fost o bătălie literară, nu o bătălie reală

Aber auch auf dem Gebiet der Literatur waren die alten Schreie der Restaurationszeit unmöglich geworden
Dar chiar și în domeniul literaturii vechile strigăte ale perioadei restaurației deveniseră imposibile

Um Sympathie zu erregen, mußte die Aristokratie offenbar ihre eigenen Interessen aus den Augen verlieren
Pentru a stârni simpatie, aristocrația a fost obligată să piardă din vedere, aparent, propriile interese

**und sie waren gezwungen, ihre Anklage gegen die
Bourgeoisie im Interesse der ausgebeuteten Arbeiterklasse
zu formulieren**

și au fost obligați să-și formuleze rechizitoriul împotriva
burgheziei în interesul clasei muncitoare exploatate

**So rächte sich die Aristokratie, indem sie ihren neuen Herrn
verspottete**

Astfel, aristocrația s-a răzbunat cântând satiri la adresa noului
lor stăpân

**Und sie rächten sich, indem sie ihm unheimliche
Prophezeiungen über die kommende Katastrophe ins Ohr
flüsterten**

și s-au răzbunat șoptindu-i la ureche profeții sinistre despre
catastrofa viitoare

So entstand der feudale Sozialismus: halb Klage, halb Spott

În acest fel a apărut socialismul feudal: jumătate plângere,
jumătate satirizare

**Es klang halb wie ein Echo der Vergangenheit und
projizierte halb die Bedrohung der Zukunft**

sună ca jumătate ecou al trecutului și proiectează jumătate
amenințare a viitorului

**zuweilen traf sie durch ihre bittere, geistreiche und scharfe
Kritik die Bourgeoisie bis ins Mark**

uneori, prin critica sa amară, spirituală și incisivă, a lovit
burghezia până în adâncul inimii

**aber es war immer lächerlich in seiner Wirkung, weil es
völlig unfähig war, den Gang der neueren Geschichte zu
begreifen**

dar a fost întotdeauna ridicol în efectul său, din cauza
incapacității totale de a înțelege marșul istoriei moderne

**Die Aristokratie schwenkte, um das Volk um sich zu
scharen, den proletarischen Almosensack als Banner**

Aristocrația, pentru a aduna poporul în fața lor, a fluturat
sacul de pomană proletar în față pentru un steag

**Aber das Volk, so oft es sich zu ihnen gesellte, sah auf
seinem Hinterteil die alten Feudalwappen**

Dar poporul, atât de des când i s-a alăturat, a văzut pe spatele lor vechile steme feudale

Und sie verließen mit lautem und respektlosem Gelächter

și au dezertat cu râsete zgomotoase și ireverențioase

Ein Teil der französischen Legitimisten und des "jungen Englands" zeigte dieses Schauspiel

O secțiune a legitimiștilor francezi și a "Tânărăi Anglie" a prezentat acest spectacol

die Feudalisten wiesen darauf hin, dass ihre Ausbeutungsweise eine andere sei als die der Bourgeoisie

feudaliștii au subliniat că modul lor de exploatare era diferit de cel al burgheziei

Die Feudalisten vergessen, dass sie unter ganz anderen Umständen und Bedingungen ausgebeutet haben

feudaliștii uită că au exploatat în circumstanțe și condiții destul de diferite

Und sie haben nicht bemerkt, dass solche Methoden der Ausbeutung heute veraltet sind

și nu au observat că astfel de metode de exploatare sunt acum învechite

Sie zeigten, dass unter ihrer Herrschaft das moderne Proletariat nie existiert hat

Ei au arătat că, sub conducerea lor, proletariatul modern nu a existat niciodată

aber sie vergessen, daß die moderne Bourgeoisie der notwendige Sprößling ihrer eigenen Gesellschaftsform ist

dar ei uită că burghezia modernă este urmașul necesar al propriei forme de societate

Im übrigen verbergen sie kaum den reaktionären Charakter ihrer Kritik

În rest, ei cu greu ascund caracterul reacționar al criticii lor

ihre Hauptanklage gegen die Bourgeoisie läuft auf folgendes hinaus

acuzația lor principală împotriva burgheziei se ridică la următoarea

unter dem Boureoisie Regime entwickelt sich eine soziale
Klasse

sub regimul burgheziei se dezvoltă o clasă socială

Diese soziale Klasse ist dazu bestimmt, die alte
Gesellschaftsordnung an der Wurzel zu zerschneiden

Această clasă socială este destinată să taie rădăcini şi
ramificaţii vechea ordine a societăţii

Womit sie die Bourgeoisie aufpeppen, ist nicht so sehr, dass
sie ein Proletariat schafft

Ceea ce mustră burghezia nu este atât de mult că creează un
proletariat

womit sie die Bourgeoisie aufpeppen, ist mehr, dass sie ein
revolutionäres Proletariat schafft

ceea ce mustră burghezia este mai mult decât atât, încât
creează un proletariat revoluţionar

In der politischen Praxis beteiligen sie sich daher an allen
Zwangsmaßnahmen gegen die Arbeiterklasse

Prin urmare, în practica politică, ei se alătură tuturor
măsurilor coercitive împotriva clasei muncitoare

Und im gewöhnlichen Leben bücken sie sich, trotz ihrer
hochtrabenden Phrasen, um die goldenen Äpfel
aufzuheben, die vom Baum der Industrie fallen gelassen
wurden

iar în viaţa obişnuită, în ciuda frazelor lor înalte, se apleacă să
ridice merele de aur căzute din pomul industriei

Und sie tauschen Wahrheit, Liebe und Ehre gegen den
Handel mit Wolle, Rote-Bete-Zucker und Kartoffelbränden

şi fac schimb de adevăr, dragoste şi onoare pentru comerţul cu
lână, zahăr de sfeclă roşie şi rachiu de cartofi

Wie der Pfarrer immer Hand in Hand mit dem Gutsherrn
gegangen ist, so ist es der klerikale Sozialismus mit dem
feudalen Sozialismus getan

Aşa cum parohul a mers întotdeauna mână în mână cu
proprietarul, la fel a făcut şi socialismul clerical cu socialismul
feudal

Nichts ist leichter, als der christlichen Askese einen sozialistischen Anstrich zu geben

Nimic nu este mai uşor decât să dai ascetismului creştin o tentă socialistă

Hat nicht das Christentum gegen das Privateigentum, gegen die Ehe, gegen den Staat deklamiert?

Nu a declamat creştinismul împotriva proprietăţii private, împotriva căsătoriei, împotriva statului?

Hat das Christentum nicht an die Stelle dieser Nächstenliebe und Armut getreten?

Nu a predicat creştinismul în locul acestora, caritatea şi sărăcia?

Predigt das Christentum nicht den Zölibat und die Abtötung des Fleisches, das monastische Leben und die Mutter Kirche?

Creştinismul nu predică celibatul şi mortificarea cărnii, viaţa monahală şi Biserica-Mamă?

Der christliche Sozialismus ist nur das Weihwasser, mit dem der Priester das Herzbrennen des Aristokraten weiht

Socialismul creştin nu este decât apa sfinţită cu care preotul sfinţeşte arsurile inimii aristocratului

b) Kleinbürgerlicher Sozialismus
b) Socialismul mic-burghez

Die feudale Aristokratie war nicht die einzige Klasse, die von der Bourgeoisie ruiniert wurde
Aristocrația feudală nu a fost singura clasă care a fost ruinată de burghezie
sie war nicht die einzige Klasse, deren Existenzbedingungen in der Atmosphäre der modernen Bourgeoisie Gesellschaft schmachten und zugrunde gingen
nu a fost singura clasă ale cărei condiții de existență tânjeau și piereau în atmosfera societății burgheze moderne
Die mittelalterliche Bürgerschaft und die kleinbäuerlichen Eigentümer waren die Vorläufer des modernen Bourgeoisie
Burghezii medievali și micii țărani proprietari au fost precursorii burgheziei moderne
In den Ländern, die industriell und kommerziell nur wenig entwickelt sind, vegetieren diese beiden Klassen noch Seite an Seite
În acele țări puțin dezvoltate, din punct de vedere industrial și comercial, aceste două clase încă vegeta una lângă alta
und in der Zwischenzeit erhebt sich die Bourgeoisie neben ihnen: industriell, kommerziell und politisch
și între timp burghezia se ridică lângă ei: industrial, comercial și politic
In den Ländern, in denen die moderne Zivilisation voll entwickelt ist, hat sich eine neue Klasse des Kleinbourgeoisie gebildet
În țările în care civilizația modernă s-a dezvoltat pe deplin, s-a format o nouă clasă de mici burghezii
diese neue soziale Klasse schwankt zwischen Proletariat und Bourgeoisie
această nouă clasă socială fluctuează între proletariat și burghezie
und sie erneuert sich ständig als ergänzender Teil der Bourgeoisie Gesellschaft

și se reînnoiește mereu ca o parte suplimentară a societății burgheze

Die einzelnen Glieder dieser Klasse aber werden fortwährend in das Proletariat hinabgeschleudert

Membrii individuali ai acestei clase, totuși, sunt aruncați în mod constant în proletariat

sie werden vom Proletariat durch die Einwirkung der Konkurrenz aufgesaugt

ei sunt absorbiți de proletariat prin acțiunea concurenței

In dem Maße, wie sich die moderne Industrie entwickelt, sehen sie sogar den Augenblick herannahen, in dem sie als eigenständiger Teil der modernen Gesellschaft völlig verschwinden wird

Pe măsură ce industria modernă se dezvoltă, ei văd chiar că se apropie momentul în care vor dispărea complet ca o secțiune independentă a societății moderne

Sie werden in der Manufaktur, in der Landwirtschaft und im Handel durch Aufseher, Gerichtsvollzieher und Krämer ersetzt werden

ei vor fi înlocuiți, în manufacturi, agricultură și comerț, de supraveghetori, executori judecătorești și negustori

In Ländern wie Frankreich, wo die Bauern weit mehr als die Hälfte der Bevölkerung ausmachen

În țări precum Franța, unde țăranii constituie mult mai mult de jumătate din populație

es war natürlich, dass es Schriftsteller gab, die sich auf die Seite des Proletariats gegen die Bourgeoisie stellten

era firesc să existe scriitori care să fie de partea proletariatului împotriva burgheziei

in ihrer Kritik am Bourgeoisie Regime benutzten sie den Maßstab des Bauern- und Kleinbourgeoisie

în critica lor la adresa regimului burgheziei, ei au folosit standardul țăranului și al micii burghezii

Und vom Standpunkt dieser Zwischenklassen aus ergreifen sie die Keule für die Arbeiterklasse

și din punctul de vedere al acestor clase intermediare, ei iau bâtele pentru clasa muncitoare

So entstand der Kleinbourgeoisie Sozialismus, dessen Haupt Sismondi nicht nur in Frankreich, sondern auch in England war

Astfel a apărut socialismul mic-burghezian, al cărui conducător era Sismondi al acestei școli, nu numai în Franța, ci și în Anglia

Diese Schule des Sozialismus sezierte mit großer Schärfe die Widersprüche in den Bedingungen der modernen Produktion

Această școală de socialism a disecat cu mare acuitate contradicțiile din condițiile producției moderne

Diese Schule entlarvte die heuchlerischen Entschuldigungen der Ökonomen

Această școală a dezvăluit scuzele ipocrite ale economiștilor

Diese Schule bewies unwiderlegbar die verheerenden Auswirkungen der Maschinerie und der Arbeitsteilung

Această școală a dovedit, în mod incontestabil, efectele dezastruoase ale mașinilor și diviziunii muncii

Es bewies die Konzentration von Kapital und Grund und Boden in wenigen Händen

A dovedit concentrarea capitalului și a pământului în câteva mâini

sie bewies, wie Überproduktion zu Bourgeoisie-Krisen führt

a dovedit cum supraproducția duce la crize burgheze

sie wies auf den unvermeidlichen Ruin des Kleinbourgeoisie' und der Bauern hin

ea a arătat ruina inevitabilă a micii burghezii și a țăranilor

das Elend des Proletariats, die Anarchie in der Produktion, die schreiende Ungleichheit in der Verteilung des Reichtums

mizeria proletariatului, anarhia în producție, inegalitățile stridente în distribuția bogăției

Er zeigte, wie das Produktionssystem den industriellen Vernichtungskrieg zwischen den Nationen führt

A arătat cum sistemul de producție conduce războiul industrial de exterminare între națiuni

die Auflösung der alten sittlichen Bande, der alten Familienverhältnisse, der alten Nationalitäten

dizolvarea vechilor legături morale, a vechilor relații de familie, a vechilor naționalități

In ihren positiven Zielen strebt diese Form des Sozialismus jedoch eines von zwei Dingen an

În scopurile sale pozitive, totuși, această formă de socialism aspiră să realizeze unul din două lucruri

Entweder zielt sie darauf ab, die alten Produktions- und Tauschmittel wiederherzustellen

fie urmărește să restabilească vechile mijloace de producție și de schimb

und mit den alten Produktionsmitteln würde sie die alten Eigentumsverhältnisse und die alte Gesellschaft wiederherstellen

și cu vechile mijloace de producție ar restabili vechile relații de proprietate și vechea societate

oder sie zielt darauf ab, die modernen Produktions- und Austauschmittel in den alten Rahmen der Eigentumsverhältnisse zu zwängen

sau urmărește să înghesuie mijloacele moderne de producție și schimb în vechiul cadru al relațiilor de proprietate

In beiden Fällen ist es sowohl reaktionär als auch utopisch

În ambele cazuri, este atât reacționară, cât și utopică

Seine letzten Worte lauten: Korporativzünfte für die Manufaktur, patriarchalische Verhältnisse in der Landwirtschaft

Ultimele sale cuvinte sunt: bresle corporatiste pentru producție, relații patriarhale în agricultură

Schließlich, als hartnäckige historische Tatsachen alle berauschenden Wirkungen der Selbsttäuschung zerstreut hatten,

În cele din urmă, când faptele istorice încăpățânate au dispersat toate efectele îmbătătoare ale autoamăgirii

diese Form des Sozialismus endete in einem elenden Anfall von Mitleid

această formă de socialism s-a încheiat într-o mizerabilă criză de milă

c) Deutscher oder "wahrer" Sozialismus

c) Socialismul german sau "adevărat"

Die sozialistische und kommunistische Literatur Frankreichs entstand unter dem Druck einer herrschenden Bourgeoisie

Literatura socialistă și comunistă din Franța a apărut sub presiunea unei burghezii la putere

Und diese Literatur war der Ausdruck des Kampfes gegen diese Macht

și această literatură a fost expresia luptei împotriva acestei puteri

sie wurde in Deutschland zu einer Zeit eingeführt, als die Bourgeoisie gerade ihren Kampf mit dem feudalen Absolutismus begonnen hatte

a fost introdus în Germania într-un moment în care burghezia tocmai începuse lupta cu absolutismul feudal

Deutsche Philosophen, Möchtegern-Philosophen und Beaux Esprits griffen begierig zu dieser Literatur

Filozofii germani, potențialii filozofi și beaux esprits, au profitat cu nerăbdare de această literatură

aber sie vergaßen, daß die Schriften aus Frankreich nach Deutschland einwanderten, ohne die französischen Gesellschaftsverhältnisse mitzubringen

dar au uitat că scrierile au emigrat din Franța în Germania fără a aduce condițiile sociale franceze

Im Kontakt mit den deutschen gesellschaftlichen Verhältnissen verlor diese französische Literatur ihre unmittelbare praktische Bedeutung

În contact cu condițiile sociale germane, această literatură
franceză și-a pierdut toată semnificația practică imediată
**und die kommunistische Literatur Frankreichs nahm in
deutschen akademischen Kreisen einen rein literarischen
Aspekt an**
iar literatura comunistă din Franța a căpătat un aspect pur
literar în cercurile academice germane
**So waren die Forderungen der ersten Französischen
Revolution nichts anderes als die Forderungen der
"praktischen Vernunft"**
Astfel, cererile primei Revoluții Franceze nu au fost altceva
decât cerințele "rațiunii practice"
**und die Willensäußerung der revolutionären französischen
Bourgeoisie bedeutete in ihren Augen das Gesetz des reinen
Willens**
iar rostirea voinței burgheziei franceze revoluționare
semnifica în ochii lor legea voinței pure
**es bedeutete den Willen, wie er sein mußte; des wahren
menschlichen Willens überhaupt**
însemna Will așa cum trebuia să fie; de adevărata voință
umană în general
**Die Welt der deutschen Literaten bestand einzig und allein
darin, die neuen französischen Ideen mit ihrem alten
philosophischen Gewissen in Einklang zu bringen**
Lumea literaților germani a constat numai în a aduce noile idei
franceze în armonie cu conștiința lor filozofică antică
**oder vielmehr, sie annektierten die französischen Ideen,
ohne ihren eigenen philosophischen Standpunkt
aufzugeben**
sau mai degrabă, au anexat ideile franceze fără a-și părăsi
propriul punct de vedere filozofic
**Diese Annexion vollzog sich auf die gleiche Weise, wie man
sich eine Fremdsprache aneignet, nämlich durch
Übersetzung**
Această anexare a avut loc în același mod în care se însușește o
limbă străină, și anume, prin traducere

Es ist bekannt, wie die Mönche alberne Leben katholischer Heiliger über Manuskripte schrieben

Este bine cunoscut cum călugării au scris vieți prostești ale sfinților catolici peste manuscrise

die Manuskripte, auf denen die klassischen Werke des antiken Heidentums geschrieben waren

manuscrisele pe care fuseseră scrise lucrările clasice ale păgânismului antic

Die deutschen Literaten kehrten diesen Prozess mit der profanen französischen Literatur um

Literații germani au inversat acest proces cu literatura franceză profană

Sie schrieben ihren philosophischen Unsinn unter das französische Original

Și-au scris prostiile filozofice sub originalul francez

Zum Beispiel schrieben sie unter der französischen Kritik an den ökonomischen Funktionen des Geldes "Entfremdung der Menschheit"

De exemplu, sub critica franceză a funcțiilor economice ale banilor, ei au scris "Alienarea umanității"

unter die französische Kritik am Bourgeoisie Staat schrieben sie "Entthronung der Kategorie des Generals"

sub critica franceză a statului burghez, ei au scris "detronarea categoriei generalului"

Die Einführung dieser philosophischen Phrasen hinter der französischen Geschichtskritik nannten sie:

Introducerea acestor fraze filozofice în spatele criticilor istorice franceze pe care le-au numit:

"Philosophie des Handelns", "Wahrer Sozialismus", "Deutsche Sozialismuswissenschaft", "Philosophische Grundlagen des Sozialismus" und so weiter

"Filosofia acțiunii", "Adevăratul socialism", "Știința germană a socialismului", "Fundamentul filosofic al socialismului" și așa mai departe

Die französische sozialistische und kommunistische Literatur wurde damit völlig entmannt

Literatura socialistă și comunistă franceză a fost astfel complet emasculată

in den Händen der deutschen Philosophen hörte sie auf, den Kampf der einen Klasse mit der anderen auszudrücken

în mâinile filozofilor germani a încetat să mai exprime lupta unei clase cu cealaltă

und so fühlten sich die deutschen Philosophen bewußt, die "französische Einseitigkeit" überwunden zu haben

și astfel filozofii germani s-au simțit conștienți că au depășit "unilateralitatea franceză"

Sie musste keine wahren Forderungen repräsentieren, sondern sie repräsentierte Forderungen der Wahrheit

nu trebuia să reprezinte cerințe adevărate, ci mai degrabă reprezenta cerințe ale adevărului

es gab kein Interesse am Proletariat, sondern an der menschlichen Natur

nu a existat niciun interes pentru proletariat, mai degrabă a existat interes pentru natura umană

das Interesse galt dem Menschen überhaupt, der keiner Klasse angehört und keine Wirklichkeit hat

interesul era pentru om în general, care nu aparține niciunei clase și nu are realitate

ein Mann, der nur im nebligen Reich der philosophischen Fantasie existiert

un om care există doar în tărâmul cețos al fanteziei filozofice

aber schließlich verlor auch dieser deutsche Schulsozialismus seine pedantische Unschuld

dar în cele din urmă acest socialism german și-a pierdut și inocența pedantă

die deutsche Bourgeoisie und besonders die preußische Bourgeoisie kämpfte gegen die feudale Aristokratie

burghezia germană, și în special burghezia prusacă a luptat împotriva aristocrației feudale

auch die absolute Monarchie Deutschlands und Preußens wurde bekämpft

monarhia absolută a Germaniei şi Prusiei a fost de asemenea
luptată împotriva

**Und im Gegenzug wurde auch die Literatur der liberalen
Bewegung ernster**

şi, la rândul său, literatura mişcării liberale a devenit şi ea mai
serioasă

**Deutschlands lang ersehnte Chance auf einen "wahren"
Sozialismus wurde geboten**

S-a oferit oportunitatea mult dorită de Germania pentru
socialismul "adevărat"

**die Möglichkeit, die politische Bewegung mit den
sozialistischen Forderungen zu konfrontieren**

oportunitatea de a confrunta mişcarea politică cu cererile
socialiste

**die Gelegenheit, die traditionellen Bannsprüche gegen den
Liberalismus zu schleudern**

oportunitatea de a arunca anatemele tradiţionale împotriva
liberalismului

**die Möglichkeit, die repräsentative Regierung und die
Bourgeoisie Konkurrenz anzugreifen**

oportunitatea de a ataca guvernul reprezentativ şi concurenţa
burgheză

**Pressefreiheit der Bourgeoisie, Bourgeoisie Gesetzgebung,
Bourgeoisie Freiheit und Gleichheit**

Libertatea presei burgheziei, legislaţia burgheziei, libertatea şi
egalitatea burgheziei

**All dies könnte nun in der realen Welt kritisiert werden,
anstatt in der Fantasie**

toate acestea ar putea fi acum criticate în lumea reală, mai
degrabă decât în fantezie

**Feudalaristokratie und absolute Monarchie hatten den
Massen lange gepredigt**

aristocraţia feudală şi monarhia absolută predicaseră de mult
timp maselor

**"Der Arbeiter hat nichts zu verlieren und er hat alles zu
gewinnen"**

"Muncitorul nu are nimic de pierdut și are totul de câștigat"
auch die Bourgeoisie bewegung bot eine Chance, sich mit diesen Plattitüden auseinanderzusetzen
mișcarea burgheză a oferit, de asemenea, o șansă de a se confrunta cu aceste platitudini
die französische Kritik setzte die Existenz der modernen Bourgeoisie Gesellschaft voraus
critica franceză presupunea existența unei societăți burgheze moderne
Bourgeoisie, ökonomische Existenzbedingungen und Bourgeoisie politische Verfassung
Condițiile economice de existență ale burgheziei și constituția politică a burgheziei
gerade die Dinge, deren Errungenschaft Gegenstand des in Deutschland anstehenden Kampfes war
chiar lucrurile a căror realizare a fost obiectul luptei în curs din Germania
Deutschlands albernes Echo des Sozialismus hat diese Ziele gerade noch rechtzeitig aufgegeben
Ecoul prostesc al socialismului din Germania a abandonat aceste obiective chiar la timp
Die absoluten Regierungen hatten ihre Gefolgschaft aus Pfarrern, Professoren, Landjunkern und Beamten
Guvernele absolute aveau adepții lor de preoți, profesori, scutieri de țară și funcționari
die damalige Regierung begegnete den deutschen Arbeiteraufständen mit Auspeitschungen und Kugeln
guvernul vremii a întâmpinat revoltele clasei muncitoare germane cu biciuiri și gloanțe
ihnen diente dieser Sozialismus als willkommene Vogelscheuche gegen die drohende Bourgeoisie
pentru ei, acest socialism a servit ca o sperietoare binevenită împotriva burgheziei amenințătoare
und die deutsche Regierung konnte nach den bitteren Pillen, die sie austeilte, ein süßes Dessert anbieten

iar guvernul german a reușit să ofere un desert dulce după
pastilele amare pe care le-a distribuit
dieser "wahre" Sozialismus diente also den Regierungen als
Waffe im Kampf gegen die deutsche Bourgeoisie
acest socialism "adevărat" a servit astfel guvernelor ca armă de
luptă împotriva burgheziei germane
und gleichzeitig repräsentierte sie direkt ein reaktionäres
Interesse; die der deutschen Philister
și, în același timp, reprezenta în mod direct un interes
reacționar; cea a filistenilor germani
In Deutschland ist das Kleinbourgeoisie die wirkliche
gesellschaftliche Grundlage des bestehenden Zustandes
În Germania, clasa mică-burgheză este adevărata bază socială
a stării de lucruri existente
Ein Relikt des sechzehnten Jahrhunderts, das immer wieder
in verschiedenen Formen auftaucht
o relicvă a secolului al XVI-lea care a apărut constant sub
diferite forme
Diese Klasse zu bewahren bedeutet, den bestehenden
Zustand in Deutschland zu bewahren
A păstra această clasă înseamnă a păstra starea de lucruri
existentă în Germania
Die industrielle und politische Vorherrschaft der
Bourgeoisie bedroht das KleinBourgeoisie mit der sicheren
Vernichtung
Supremația industrială și politică a burgheziei amenință mica
burghezie cu distrugeri sigure
auf der einen Seite droht sie das Kleinbourgeoisiedurch die
Konzentration des Kapitals zu vernichten
pe de o parte, amenință să distrugă mica burghezie prin
concentrarea capitalului
auf der anderen Seite droht die Bourgeoisie, sie durch den
Aufstieg eines revolutionären Proletariats zu zerstören
pe de altă parte, burghezia amenință să-l distrugă prin
ascensiunea unui proletariat revoluționar

Der "wahre" Sozialismus schien diese beiden Fliegen mit einer Klappe zu schlagen. Es breitete sich wie eine Epidemie aus

Socialismul "adevărat" părea să omoare aceşti doi păsări dintr-o lovitură. S-a răspândit ca o epidemie

Das Gewand spekulativer Spinnweben, bestickt mit Blumen der Rhetorik, durchtränkt vom Tau kränklicher Gefühle

Roba de pânze de păianjen speculative, brodată cu flori de retorică, cufundată în roua sentimentelor bolnăvicioase

dieses transzendentale Gewand, in das die deutschen Sozialisten ihre traurigen "ewigen Wahrheiten" hüllten

această haină transcendentală în care socialiştii germani şi-au înfăşurat tristele "adevăruri eterne"

alle Haut und Knochen, dienten dazu, den Absatz ihrer Waren bei einem solchen Publikum wunderbar zu vermehren.

toate pielea şi oasele, au servit pentru a creşte minunat vânzarea mărfurilor lor în rândul unui astfel de public

Und der deutsche Sozialismus seinerseits erkannte mehr und mehr seine eigene Berufung

Şi, la rândul său, socialismul german şi-a recunoscut, din ce în ce mai mult, propria sa chemare

sie war berufen, die bombastische Vertreterin des Kleinbourgeoisie Philisters zu sein

a fost chemat să fie reprezentantul bombastic al filisteanului mic-burghez

Sie proklamierte die deutsche Nation als Musternation und den deutschen Kleinphilister als Mustermann

A proclamat naţiunea germană ca naţiune model, iar micul filistean german omul model

Jeder schurkischen Gemeinheit dieses Mustermenschen gab sie eine verborgene, höhere, sozialistische Deutung

Fiecărei răutăcii ticăloase a acestui om model îi dădea o interpretare socialistă ascunsă, superioară,

diese höhere, sozialistische Deutung war das genaue Gegenteil ihres wirklichen Charakters

această interpretare socialistă superioară era exact opusul caracterului său real

Sie ging so weit, sich der "brutal destruktiven" Tendenz des Kommunismus direkt entgegenzustellen

A mers până la extrema de a se opune direct tendinței "brutal distructive" a comunismului

und sie proklamierte ihre höchste und unparteiische Verachtung aller Klassenkämpfe

și și-a proclamat disprețul suprem și imparțial față de toate luptele de clasă

Mit sehr wenigen Ausnahmen gehören alle sogenannten sozialistischen und kommunistischen Publikationen, die jetzt (1847) in Deutschland zirkulieren, in den Bereich dieser üblen und entnervenden Literatur

Cu foarte puține excepții, toate așa-numitele publicații socialiste și comuniste care circulă acum (1847) în Germania aparțin domeniului acestei literaturi murdare și enervante

2) Konservativer Sozialismus oder bürgerlicher Sozialismus
2) Socialismul conservator sau socialismul burghez

Ein Teil der Bourgeoisie will soziale Missstände beseitigen
O parte a burgheziei dorește să repare nemulțumirile sociale
um den Fortbestand der Bourgeoisie Gesellschaft zu sichern
pentru a asigura existența continuă a societății burgheze
Zu dieser Sektion gehören Ökonomen, Philanthropen, Menschenfreunde
Acestei secțiuni aparțin economiști, filantropi, umanitari
Verbesserer der Lage der Arbeiterklasse und Organisatoren der Wohltätigkeit
îmbunătățitori ai situației clasei muncitoare și organizatori de caritate
Mitglieder von Gesellschaften zur Verhütung von Tierquälerei
membri ai societăților pentru prevenirea cruzimii față de animale
Mäßigkeitsfanatiker, Loch-und-Ecken-Reformer aller erdenklichen Art
fanatici ai temperanței, reformatori de orice fel imaginabil
Diese Form des Sozialismus ist überdies zu vollständigen Systemen ausgearbeitet worden
Această formă de socialism a fost, în plus, elaborată în sisteme complete
Als Beispiel für diese Form sei Proudhons "Philosophie de la Misère" angeführt
Putem cita "Philosophie de la Misère" a lui Proudhon ca exemplu al acestei forme
Die sozialistische Bourgeoisie will alle Vorteile der modernen gesellschaftlichen Verhältnisse
Burghezia socialistă vrea toate avantajele condițiilor sociale moderne
aber die sozialistische Bourgeoisie will nicht unbedingt die daraus resultierenden Kämpfe und Gefahren

dar burghezia socialistă nu vrea neapărat luptele şi pericolele
rezultate

**Sie wollen den bestehenden Zustand der Gesellschaft,
abzüglich ihrer revolutionären und zerfallenden Elemente**

Ei doresc starea existentă a societăţii, fără elementele ei
revoluţionare şi dezintegratoare

**mit anderen Worten, sie wünschen sich eine Bourgeoisie
ohne Proletariat**

cu alte cuvinte, ei doresc o burghezie fără proletariat

**Die Bourgeoisie begreift natürlich die Welt, in der sie die
höchste ist, die Beste zu sein**

Burghezia concepe în mod natural lumea în care este suprem
să fie cel mai bun

**und der Bourgeoisie Sozialismus entwickelt diese bequeme
Auffassung zu verschiedenen mehr oder weniger
vollständigen Systemen**

iar socialismul burghez dezvoltă această concepţie
confortabilă în diferite sisteme mai mult sau mai puţin
complete

**sie wünschen sich sehr, dass das Proletariat geradewegs in
das soziale Neue Jerusalem marschiert**

ar dori foarte mult ca proletariatul să mărşăluiască imediat în
Noul Ierusalim social

**Aber in Wirklichkeit verlangt sie, dass das Proletariat
innerhalb der Grenzen der bestehenden Gesellschaft bleibt**

dar în realitate cere proletariatului să rămână în limitele
societăţii existente

**sie fordern das Proletariat auf, alle seine hasserfüllten Ideen
über die Bourgeoisie abzulegen**

ei cer proletariatului să renunţe la toate ideile lor pline de ură
cu privire la burghezie

**es gibt eine zweite, praktischere, aber weniger systematische
Form dieses Sozialismus**

există o a doua formă mai practică, dar mai puţin sistematică,
a acestui socialism

Diese Form des Sozialismus versuchte, jede revolutionäre Bewegung in den Augen der Arbeiterklasse abzuwerten
Această formă de socialism a căutat să depreciere orice mișcare revoluționară în ochii clasei muncitoare

Sie argumentieren, dass keine bloße politische Reform für sie von Vorteil sein könnte
Ei susțin că nicio simplă reformă politică nu le-ar putea aduce vreun avantaj

nur eine Veränderung der materiellen Existenzbedingungen in den wirtschaftlichen Beziehungen ist von Nutzen
numai o schimbare a condițiilor materiale de existență în relațiile economice este benefică

Wie der Kommunismus tritt auch diese Form des Sozialismus für eine Veränderung der materiellen Existenzbedingungen ein
Ca și comunismul, această formă de socialism pledează pentru o schimbare a condițiilor materiale de existență

Diese Form des Sozialismus bedeutet jedoch keineswegs, dass die Bourgeoisie Produktionsverhältnisse abgeschafft werden
cu toate acestea, această formă de socialism nu sugerează în niciun caz abolirea relațiilor de producție burgheze

die Abschaffung der Bourgeoisie Produktionsverhältnisse kann nur durch eine Revolution erreicht werden
abolirea relațiilor de producție ale burgheziei nu poate fi realizată decât printr-o revoluție

Doch statt einer Revolution schlägt diese Form des Sozialismus Verwaltungsreformen vor
Dar în loc de o revoluție, această formă de socialism sugerează reforme administrative

und diese Verwaltungsreformen würden auf dem Fortbestand dieser Beziehungen beruhen
iar aceste reforme administrative s-ar baza pe existența continuă a acestor relații

Reformen, die in keiner Weise die Beziehungen zwischen Kapital und Arbeit berühren

reforme, prin urmare, care nu afectează în niciun fel relațiile
dintre capital și muncă

**im besten Fall verringern solche Reformen die Kosten und
vereinfachen die Verwaltungsarbeit der Bourgeoisie
Regierung**

în cel mai bun caz, astfel de reforme reduc costurile și
simplifică munca administrativă a guvernului burghez

**Der Bourgeoisie Sozialismus kommt dann und nur dann
adäquat zum Ausdruck, wenn er zur bloßen Redewendung
wird**

Socialismul burghez atinge o expresie adecvată, atunci când și
numai atunci când devine o simplă figură de stil

Freihandel: zum Wohle der Arbeiterklasse

Comerțul liber: în beneficiul clasei muncitoare

Schutzpflichten: zum Wohle der Arbeiterklasse

Îndatoriri de protecție: în beneficiul clasei muncitoare

Gefängnisreform: zum Wohle der Arbeiterklasse

Reforma penitenciarelor: în beneficiul clasei muncitoare

**Das ist das letzte Wort und das einzig ernst gemeinte Wort
des Bourgeoisie Sozialismus**

Acesta este ultimul cuvânt și singurul cuvânt serios al
socialismului burghez

**Sie ist in dem Satz zusammengefasst: Die Bourgeoisie ist
eine Bourgeoisie zum Wohle der Arbeiterklasse**

Este rezumat în fraza: Burghezia este o burghezie în beneficiul
clasei muncitoare

3) Kritisch-utopischer Sozialismus und Kommunismus
3) Socialismul critic-utopic și comunismul

Wir beziehen uns hier nicht auf jene Literatur, die den Forderungen des Proletariats immer eine Stimme gegeben hat
Nu ne referim aici la acea literatură care a dat întotdeauna glas revendicărilor proletariatului

dies war in jeder großen modernen Revolution vorhanden, wie z. B. in den Schriften von Babeuf und anderen
acest lucru a fost prezent în fiecare mare revoluție modernă, cum ar fi scrierile lui Babeuf și ale altora

Die ersten unmittelbaren Versuche des Proletariats, seine eigenen Ziele zu erreichen, scheiterten notwendigerweise
Primele încercări directe ale proletariatului de a-și atinge propriile scopuri au eșuat în mod necesar

Diese Versuche wurden in Zeiten allgemeiner Aufregung unternommen, als die feudale Gesellschaft gestürzt wurde
Aceste încercări au fost făcute în vremuri de agitație universală, când societatea feudală era răsturnată

Der damals noch unterentwickelte Zustand des Proletariats führte zum Scheitern dieser Versuche
Starea atunci nedezvoltată a proletariatului a dus la eșecul acestor încercări

und sie scheiterten am Fehlen der wirtschaftlichen Voraussetzungen für ihre Emanzipation
și au eșuat din cauza absenței condițiilor economice pentru emanciparea sa

Bedingungen, die erst noch geschaffen werden mussten und die durch die bevorstehende Epoche der Bourgeoisie allein hervorgebracht werden konnten
condiții care nu fuseseră încă produse și puteau fi produse numai de epoca burgheză iminentă

Die revolutionäre Literatur, die diese ersten Bewegungen des Proletariats begleitete, hatte notwendigerweise einen reaktionären Charakter

Literatura revoluționară care a însoțit aceste prime mișcări ale proletariatului a avut în mod necesar un caracter reacționar

Diese Literatur schärfte universelle Askese und soziale Nivellierung in ihrer gröbsten Form ein

Această literatură a inculcat ascetismul universal și nivelarea socială în forma sa cea mai crudă

Die sozialistischen und kommunistischen Systeme, die man eigentlich so nennt, entstehen in der frühen unentwickelten Periode

Sistemele socialiste și comuniste, propriu-zise așa, apar în perioada timpurie nedezvoltată

Saint-Simon, Fourier, Owen und andere beschrieben den Kampf zwischen Proletariat und Bourgeoisie (siehe Abschnitt 1)

Saint-Simon, Fourier, Owen și alții au descris lupta dintre proletariat și burghezie (vezi secțiunea 1)

Die Begründer dieser Systeme sehen in der Tat die Klassengegensätze

Fondatorii acestor sisteme văd, într-adevăr, antagonismele de clasă

Sie sehen auch das Wirken der sich zersetzenden Elemente in der herrschenden Gesellschaftsform

De asemenea, ei văd acțiunea elementelor în descompunere, în forma predominantă a societății

Aber das Proletariat, das noch in den Kinderschuhen steckt, bietet ihnen das Schauspiel einer Klasse ohne jede historische Initiative

Dar proletariatul, încă la început, le oferă spectacolul unei clase fără inițiativă istorică

Sie sehen das Schauspiel einer sozialen Klasse ohne unabhängige politische Bewegung

ei văd spectacolul unei clase sociale fără nicio mișcare politică independentă

Die Entwicklung des Klassengegensatzes hält mit der Entwicklung der Industrie Schritt

dezvoltarea antagonismului de clasă ține pasul cu dezvoltarea industriei

Die ökonomische Lage bietet ihnen also noch nicht die materiellen Bedingungen für die Befreiung des Proletariats
deci situația economică nu le oferă încă condițiile materiale pentru emanciparea proletariatului

Sie suchen also nach einer neuen Sozialwissenschaft, nach neuen sozialen Gesetzen, die diese Bedingungen schaffen sollen
Prin urmare, ei caută o nouă știință socială, noi legi sociale, care să creeze aceste condiții

historisches Handeln besteht darin, sich ihrem persönlichen erfinderischen Handeln zu beugen
acțiunea istorică este să cedeze acțiunii lor inventive personale

Historisch geschaffene Emanzipationsbedingungen sollen phantastischen Verhältnissen weichen
condițiile de emancipare create istoric trebuie să cedeze condițiilor fantastice

und die allmähliche, spontane Klassenorganisation des Proletariats soll der Organisation der Gesellschaft weichen
iar organizarea de clasă treptată, spontană a proletariatului trebuie să cedeze în fața organizării societății

die Organisation der Gesellschaft, die von diesen Erfindern eigens ersonnen wurde
organizarea societății special concepută de acești inventatori

Die zukünftige Geschichte löst sich in ihren Augen in die Propaganda und die praktische Durchführung ihrer sozialen Pläne auf
Istoria viitoare se rezolvă, în ochii lor, în propaganda și realizarea practică a planurilor lor sociale

Bei der Ausarbeitung ihrer Pläne sind sie sich bewußt, daß sie sich in erster Linie um die Interessen der Arbeiterklasse kümmern
În formarea planurilor lor, ei sunt conștienți că se îngrijesc în principal de interesele clasei muncitoare

Nur unter dem Gesichtspunkt, die leidendste Klasse zu sein, existiert das Proletariat für sie

Doar din punctul de vedere al clasei cele mai suferinde există proletariatul pentru ei

Der unentwickelte Zustand des Klassenkampfes und ihre eigene Umgebung prägen ihre Meinungen

Starea nedezvoltată a luptei de clasă și propriul lor mediu le informează opiniile

Sozialisten dieser Art halten sich allen Klassengegensätzen weit überlegen

Socialiștii de acest fel se consideră cu mult superiori tuturor antagonismelor de clasă

Sie wollen die Lage jedes Mitglieds der Gesellschaft verbessern, auch die der Begünstigten

Ei vor să îmbunătățească starea fiecărui membru al societății, chiar și a celor mai favorizați

Daher appellieren sie gewöhnlich an die Gesellschaft als Ganzes, ohne Unterschied der Klasse

Prin urmare, ei fac apel în mod obișnuit la societate în general, fără deosebire de clasă

Ja, sie appellieren an die Gesellschaft als Ganzes, indem sie die herrschende Klasse bevorzugen

ba mai mult, ele atrag societatea în general prin preferință clasei conducătoare

Für sie ist alles, was es braucht, dass andere ihr System verstehen

Pentru ei, tot ce trebuie este ca alții să le înțeleagă sistemul

Denn wie können die Menschen nicht erkennen, dass der bestmögliche Plan für den bestmöglichen Zustand der Gesellschaft ist?

Pentru că cum pot oamenii să nu vadă că cel mai bun plan posibil este pentru cea mai bună stare posibilă a societății?

Daher lehnen sie jede politische und vor allem jede revolutionäre Aktion ab

Prin urmare, ei resping orice acțiune politică, și mai ales orice acțiune revoluționară

Sie wollen ihre Ziele mit friedlichen Mitteln erreichen

ei doresc să-și atingă scopurile prin mijloace pașnice

Sie bemühen sich durch kleine Experimente, die notwendigerweise zum Scheitern verurteilt sind

ei se străduiesc, prin mici experimente, care sunt în mod necesar sortite eșecului

und durch die Kraft des Beispiels versuchen sie, den Weg für das neue soziale Evangelium zu ebnen

și prin forța exemplului încearcă să deschidă calea pentru noua Evanghelie socială

Welch phantastische Bilder von der zukünftigen Gesellschaft, gemalt in einer Zeit, in der sich das Proletariat noch in einem sehr unterentwickelten Zustand befindet

Astfel de tablouri fantastice ale societății viitoare, pictate într-un moment în care proletariatul este încă într-o stare foarte nedezvoltată

und sie hat immer noch nur eine phantastische Vorstellung von ihrer eigenen Stellung

și încă nu are decât o concepție fantastică a propriei poziții

aber ihre ersten instinktiven Sehnsüchte entsprechen den Sehnsüchten des Proletariats

dar primele lor dorințe instinctive corespund cu dorințele proletariatului

Beide sehnen sich nach einem allgemeinen Umbau der Gesellschaft

Ambii tânjesc după o reconstrucție generală a societății

Aber diese sozialistischen und kommunistischen Veröffentlichungen enthalten auch ein kritisches Element

Dar aceste publicații socialiste și comuniste conțin și un element critic

Sie greifen jedes Prinzip der bestehenden Gesellschaft an

Ei atacă fiecare principiu al societății existente

Daher sind sie voll von den wertvollsten Materialien für die Aufklärung der Arbeiterklasse

Prin urmare, ele sunt pline de cele mai valoroase materiale pentru iluminarea clasei muncitoare

Sie schlagen die Abschaffung der Unterscheidung zwischen Stadt und Land und der Familie vor

ei propun abolirea distincţiei dintre oraş şi ţară şi familie

die Abschaffung des Gewerbetreibens für Rechnung von Privatpersonen

desfiinţarea desfăşurării de industrii în contul persoanelor fizice

und die Abschaffung des Lohnsystems und die Proklamation des sozialen Friedens

şi abolirea sistemului de salarizare şi proclamarea armoniei sociale

die Verwandlung der Funktionen des Staates in eine bloße Aufsicht über die Produktion

transformarea funcţiilor statului într-o simplă superintendenţă a producţiei

Alle diese Vorschläge deuten einzig und allein auf das Verschwinden der Klassengegensätze hin

Toate aceste propuneri indică doar dispariţia antagonismelor de clasă

Klassengegensätze waren damals gerade erst im Entstehen begriffen

antagonismele de clasă abia apăreau la acea vreme

In diesen Veröffentlichungen werden diese Klassengegensätze nur in ihren frühesten, undeutlichen und unbestimmten Formen anerkannt

În aceste publicaţii aceste antagonisme de clasă sunt recunoscute doar în formele lor cele mai timpurii, indistincte şi nedefinite

Diese Vorschläge haben also rein utopischen Charakter

Aceste propuneri, prin urmare, au un caracter pur utopic

Die Bedeutung des kritisch-utopischen Sozialismus und des Kommunismus steht in einem umgekehrten Verhältnis zur historischen Entwicklung

Semnificaţia socialismului critic-utopic şi a comunismului are o relaţie inversă cu dezvoltarea istorică

Der moderne Klassenkampf wird sich entwickeln und weiter konkrete Gestalt annehmen

Lupta de clasă modernă se va dezvolta şi va continua să prindă o formă clară

Dieses fantastische Ansehen des Wettbewerbs wird jeden praktischen Wert verlieren

Această poziţie fantastică din concurs îşi va pierde orice valoare practică

Diese phantastischen Angriffe auf die Klassengegensätze verlieren jede theoretische Rechtfertigung

Aceste atacuri fantastice asupra antagonismelor de clasă vor pierde orice justificare teoretică

Die Urheber dieser Systeme waren in vielerlei Hinsicht revolutionär

Iniţiatorii acestor sisteme au fost, în multe privinţe, revoluţionari

Aber ihre Jünger haben in jedem Fall bloße reaktionäre Sekten gebildet

dar discipolii lor au format, în toate cazurile, simple secte reacţionare

Sie halten an den ursprünglichen Ansichten ihrer Meister fest

Ei se ţin strâns de opiniile originale ale stăpânilor lor

Aber diese Anschauungen stehen im Gegensatz zur fortschreitenden geschichtlichen Entwicklung des Proletariats

dar aceste opinii sunt în opoziţie cu dezvoltarea istorică progresivă a proletariatului

Sie bemühen sich daher, und zwar konsequent, den Klassenkampf abzustumpfen

Prin urmare, ei se străduiesc, şi asta în mod constant, să atenueze lupta de clasă

Und sie bemühen sich konsequent, die Klassengegensätze zu versöhnen

şi se străduiesc în mod constant să reconcilieze antagonismele de clasă

Noch träumen sie von der experimentellen Umsetzung ihrer gesellschaftlichen Utopien

Ei încă visează la realizarea experimentală a utopiilor lor sociale

sie träumen immer noch davon, isolierte "Phalanster" zu gründen und "Heimatkolonien" zu gründen

ei încă visează să fondeze "falansteri" izolați și să înființeze "colonii de origine"

sie träumen davon, eine "Kleine Ikaria" zu errichten – Duodecimo-Ausgaben des Neuen Jerusalem

ei visează să înființeze o "Mică Icaria" – ediții duodecimo ale Noului Ierusalim

Und sie träumen davon, all diese Luftschlösser zu verwirklichen

și visează să realizeze toate aceste castele în aer

Sie sind gezwungen, an die Gefühle und den Geldbeutel der Bourgeoisie zu appellieren

ei sunt obligați să apeleze la sentimentele și pungile burgheziei

Nach und nach sinken sie in die Kategorie der oben dargestellten reaktionären konservativen Sozialisten

Treptat, ei se scufundă în categoria socialiștilor conservatori reacționari descrisă mai sus

sie unterscheiden sich von diesen nur durch systematischere Pedanterie

ele diferă de acestea doar prin pedanterie mai sistematică

und sie unterscheiden sich durch ihren fanatischen und abergläubischen Glauben an die Wunderwirkungen ihrer Sozialwissenschaft

și diferă prin credința lor fanatică și superstițioasă în efectele miraculoase ale științei lor sociale

Sie widersetzen sich daher gewaltsam jeder politischen Aktion der Arbeiterklasse

Prin urmare, ei se opun violent oricărei acțiuni politice din partea clasei muncitoare

**ein solches Handeln kann ihrer Meinung nach nur aus
blindem Unglauben an das neue Evangelium resultieren**

o astfel de acțiune, potrivit lor, nu poate rezulta decât din
necredința oarbă în noua Evanghelie

**Die Owenisten in England und die Fourieristen in
Frankreich stehen den Chartisten und den "Réformisten"
entgegen**

Oweniții din Anglia și, respectiv, fourieriștii din Franța se
opun cartiștilor și "reformierilor"

Stellung der Kommunisten zu den verschiedenen bestehenden Oppositionsparteien

Poziția comuniștilor în raport cu diferitele partide de opoziție existente

Abschnitt II hat die Beziehungen der Kommunisten zu den bestehenden Arbeiterparteien deutlich gemacht

Secțiunea a II-a a clarificat relațiile comuniștilor cu partidele muncitorești existente

wie die Chartisten in England und die Agrarreformer in Amerika

cum ar fi cartiștii din Anglia și reformatorii agrari din America

Die Kommunisten kämpfen für die Erreichung der unmittelbaren Ziele

Comuniștii luptă pentru atingerea scopurilor imediate

Sie kämpfen für die Durchsetzung der momentanen Interessen der Arbeiterklasse

ei luptă pentru impunerea intereselor de moment ale clasei muncitoare

Aber in der politischen Bewegung der Gegenwart repräsentieren und kümmern sie sich auch um die Zukunft dieser Bewegung

Dar în mișcarea politică a prezentului, ei reprezintă și au grijă de viitorul acelei mișcări

In Frankreich verbünden sich die Kommunisten mit den Sozialdemokraten

În Franța, comuniștii se aliază cu social-democrații

und sie positionieren sich gegen die konservative und radikale Bourgeoisie

și se poziționează împotriva burgheziei conservatoare și radicale

sie behalten sich jedoch das Recht vor, eine kritische Position gegenüber Phrasen und Illusionen einzunehmen, die traditionell aus der großen Revolution überliefert sind

cu toate acestea, își rezervă dreptul de a adopta o poziție critică în ceea ce privește frazele și iluziile transmise în mod tradițional de la marea Revoluție

In der Schweiz unterstützt man die Radikalen, ohne dabei aus den Augen zu verlieren, dass diese Partei aus antagonistischen Elementen besteht

În Elveția îi susțin pe radicali, fără a pierde din vedere faptul că acest partid este format din elemente antagonice

teils von demokratischen Sozialisten im französischen Sinne, teils von radikaler Bourgeoisie

parțial din socialiștii democrați, în sensul francez, parțial din burghezia radicală

In Polen unterstützen sie die Partei, die auf einer Agrarrevolution als Hauptbedingung für die nationale Emanzipation beharrt

În Polonia ei susțin partidul care insistă asupra unei revoluții agrare ca condiție principală pentru emanciparea națională

jene Partei, die 1846 den Krakauer Aufstand angezettelt hatte

partidul care a instigat la insurecția de la Cracovia în 1846

In Deutschland kämpft man mit der Bourgeoisie, wenn sie revolutionär handelt

În Germania se luptă cu burghezia ori de câte ori aceasta acționează într-un mod revoluționar

gegen die absolute Monarchie, das feudale Eichhörnchen und das Kleinbourgeoisie

împotriva monarhiei absolute, a scutieriei feudale și a micii burghezii

Aber sie hören nicht auf, der Arbeiterklasse auch nur einen Augenblick lang eine bestimmte Idee einzuflößen

Dar ei nu încetează niciodată, nici măcar o clipă, să insufle clasei muncitoare o idee particulară

die klarste Erkenntnis des feindlichen Antagonismus zwischen Bourgeoisie und Proletariat

cea mai clară recunoaștere posibilă a antagonismului ostil dintre burghezie și proletariat

**damit die deutschen Arbeiter sofort von den ihnen zur
Verfügung stehenden Waffen Gebrauch machen können**
astfel încât muncitorii germani să poată folosi imediat armele
de care dispun
**die sozialen und politischen Bedingungen, die die
Bourgeoisie mit ihrer Herrschaft notwendigerweise
einführen muss**
condiţiile sociale şi politice pe care burghezia trebuie să le
introducă în mod necesar împreună cu supremaţia sa
**der Sturz der reaktionären Klassen in Deutschland ist
unvermeidlich**
căderea claselor reacţionare din Germania este inevitabilă
**und dann kann der Kampf gegen die Bourgeoisie selbst
sofort beginnen**
şi atunci lupta împotriva burgheziei însăşi ar putea începe
imediat
**Die Kommunisten richten ihre Aufmerksamkeit
hauptsächlich auf Deutschland, weil dieses Land am
Vorabend einer Bourgeoisie Revolution steht**
Comuniştii îşi îndreaptă atenţia mai ales spre Germania,
pentru că această ţară este în ajunul unei revoluţii burgheze
**eine Revolution, die unter den fortgeschritteneren
Bedingungen der europäischen Zivilisation durchgeführt
werden muss**
o revoluţie care trebuie să se desfăşoare în condiţii mai
avansate ale civilizaţiei europene
**Und sie wird mit einem viel weiter entwickelten Proletariat
durchgeführt werden**
şi este obligat să se desfăşoare cu un proletariat mult mai
dezvoltat
**ein Proletariat, das weiter fortgeschritten war als das
Englands im 17. und Frankreichs im 18. Jahrhundert**
un proletariat mai avansat decât cel al Angliei era în secolul al
XVII-lea, iar al Franţei în secolul al XVIII-lea

und weil die Bourgeoisie Revolution in Deutschland nur das Vorspiel zu einer unmittelbar folgenden proletarischen Revolution sein wird

și pentru că revoluția burgheză din Germania nu va fi decât preludiu la o revoluție proletară imediat următoare

Kurz gesagt, die Kommunisten unterstützen überall jede revolutionäre Bewegung gegen die bestehende soziale und politische Ordnung der Dinge

Pe scurt, comuniștii de pretutindeni susțin orice mișcare revoluționară împotriva ordinii sociale și politice existente

In all diesen Bewegungen rücken sie als Leitfrage die Eigentumsfrage in den Vordergrund

În toate aceste mișcări ei aduc în prim-plan, ca întrebare principală în fiecare, problema proprietății

unabhängig davon, wie hoch der Entwicklungsstand in diesem Land zu diesem Zeitpunkt ist

indiferent de gradul său de dezvoltare în acea țară la acea vreme

Schließlich setzen sie sich überall für die Vereinigung und Zustimmung der demokratischen Parteien aller Länder ein

În cele din urmă, ei lucrează pretutindeni pentru uniunea și acordul partidelor democratice din toate țările

Die Kommunisten verschmähen es, ihre Ansichten und Ziele zu verheimlichen

Comuniștii disprețuiesc să-și ascundă opiniile și scopurile

Sie erklären offen, dass ihre Ziele nur durch den gewaltsamen Umsturz aller bestehenden gesellschaftlichen Verhältnisse erreicht werden können

Ei declară deschis că scopurile lor pot fi atinse numai prin răsturnarea forțată a tuturor condițiilor sociale existente

Mögen die herrschenden Klassen vor einer kommunistischen Revolution zittern

Lăsați clasele conducătoare să tremure la o revoluție comunistă

Die Proletarier haben nichts zu verlieren als ihre Ketten

Proletarii nu au nimic de pierdut în afară de lanțurile lor

Sie haben eine Welt zu gewinnen
Au o lume de câştigat
ARBEITER ALLER LÄNDER, VEREINIGT EUCH!
MUNCITORI DIN TOATE ŢĂRILE, UNIŢI-VĂ!

www.ingramcontent.com/pod-product-compliance
Lightning Source LLC
Chambersburg PA
CBHW011737020426
42333CB00024B/2933